한국유행가 100년 스토리

– 아주 기발한, 최초의 장르 –

한국유행가 100년 스토리
– 아주 기발한, 최초의 장르 –

초판 1쇄 발행 2023년 12월 11일

지은이 유차영 · **발행인** 권선복 · **편집** 권보송 · **디자인** 김소영 · **전자책** 서보미 · **마케팅** 권보송
발행처 도서출판 행복에너지 · **출판등록** 제315-2011-000035호
주소 (07679) 서울특별시 강서구 화곡로 232 · **전화** 0505-613-6133 · **팩스** 0303-0799-1560
홈페이지 www.happybook.or.kr · **이메일** ksbdata@daum.net

값 15,000원
ISBN 979-11-93607-04-6   (03190)

도서출판 행복에너지는 독자 여러분의 아이디어와 원고 투고를 기다립니다. 책으로 만들기를 원
하는 콘텐츠가 있으신 분은 이메일이나 홈페이지를 통해 간단한 기획서와 기획의도, 연락처 등을
보내주십시오. 행복에너지의 문은 언제나 활짝 열려 있습니다.

**한국유행가 스토리텔링,
레드오션 블루로드**

한국유행가 100년 스토리
– 아주 기발한, 최초의 장르 –

활초 유차영

한국대중가요 100년,
《유행가와 역사 앙상블 스토리텔링》을
강연 방식으로 엮었습니다

〈MG TV 백가사전, 2022–2024〉

도전 KBR-2021-12-01호

Certificate of Korea Best Record
대한민국 최초기록인증

성 명 : 유차영 한국유행가연구원 원장
기록명 : 대중가요 유행가 스토리텔러

Korea Best Record hereby recognizes the above
individual as the world's best in popularizing the
diagnostic services using names, identifying their
positive and negative impacts on human physiology.

위 사람은 평소 자신의 분야에서 불굴의 의지와 포기하지
않는 도전정신을 확산하고 자신의 분야에서 남다른 노력을
통하여 이룩한 바 공정한 심사를 통해 대한민국 최초의
자리에 올랐음을 인증함.

2021년 12월 4일

도 전 한 국 인 본 부
대한민국최고기록인증원

Let's Make Challenge! Let's Go Together!

〈아주 기발한 최초의 장르, 인증서〉

레드오션 블루로드

레드오션(Red Ocean)은 경쟁이 치열하여 성공을 낙관하기 어려운 직업군으로, 상위 계급 진출 인원수가 정해져 있고, 진급하지 못하면, 정년(停年)이 명시되어 있어, 강제로 전역(정년퇴직)을 해야 하는 군대 조직이 대표적입니다.

이런 조직 구성원들은, 스스로 블루로드(Blue Road)를 개척해가야 합니다. 이 블루로드는, 남다른 노력과 시간의 집중이 지속되어야 합니다. 특별한 분야를 선택하여, 하루에 3~4시간의 잠자는 시간을 줄이면서, 30~40여 년을 지속하면, 1만 시간의 법칙을 3~4회 실천하는 것이 됩니다.

하루에 3시간의 수면을 줄이면, 1년이면 1,095시간입니다. 이렇게 10년을 지속하면, 10,950시간, 비로소 1만 시간입니다. 이를 40년 지속하면, 4만 시간, 이때 세상이 나(여러분)를 알아줍니다.

이런 과정에서 10년이면 나와 가족만 알고, 20년이면 나의 지인 일부가 알고, 30년이면 다른 사람들이 알고, 40년이면 세상이 알아줍니다. 1만 시간의 법칙은, 내가 나와 경쟁하는 천착의 세월, 이렇게 건설한 블루로드는 성공의 대문에 다다르고, 비로소 통과할 수가 있습니다.

이처럼 레드오션 속에서 블루로드를 개척(실천)하면, 마이너에서 1류(메이저)로 거듭날 수가 있습니다. 대추나무 가시처럼 뾰족한 특정 분야에서 경쟁 상대가 없는, 특정한 인싸로 거듭납니다. 100대 1로 경쟁하지 말고, 1대 1로 천착하세요.

최고가 되려고 경쟁하지 말고, 최초를 지향하고 천착하세요. 이 책은 『아주 기발한, 최초의 장르』에 다다른 《유행가와 역사상상블》 스토리텔링입니다.

이 책의 메시지

이 책은 『아주 기발한, 최초의 장르』를 펼친 《유행가와 역사앙상블》 스토리텔링입니다.

인생을 살아가면서, 다른(남) 이들은 나와 상생 공생의 동반자입니다. 이 세상에서 내가 경쟁할 상대방은 바로 나 자신입니다. 내가 나를 이기면, 나는 세상을 이겨낼 수 있습니다. 남과 경쟁하면 99명을 능가해야 1등이 되고, 나와 경쟁하면 늘 1:1의 대결이 됩니다.

스스로 마이너라고 진언(唓言) 질책하면서, 스스로에게 지독하게 가혹하세요. 그러면서 나만의 콘텐츠를 지향하세요. 30~40년 이상을 몰입·천착하세요. 그 시간의 끝에 매달리는 열매는, 메이저(1류)가 아니라, 유일(唯一)한 나로 거듭납니다. 이것이 레드오션 속의 블루로드입니다.

초서독서(抄書讀書)로 역사 속의 거울들을 들여다 보고, 순간마다 메모하고, 그 메모를 묶어서 기록으로 유지하고,

그 기록을 모아서 책(활자)으로 펴내세요. 이런 책은 1천 년 뒤에는, 1천 년 전의 보물(사기 · 유사)이 됩니다.

이 책은, 한국대중가요 100년사에서 최초의《유행가스토리텔러》(제1호)인 활초 유차영의 블루로드 개척 인생스토리입니다. 활초의《유행가와 역사 앙상블》강연을 모티브로, 활초가 40여 년을 실행해 온 삶의 신념과 원칙을 요약한 발자국·그림자입니다. 아제자영(我弟自影).

내용 면에서는 한국유행가 100년의 간설(看說)이며, 철학적으로는 하나의 지점(블루로드)을 지향해온 인생관·가치관·실천관을 요약한, 지극한 실용주의자의 지독한 무실역행 이력입니다.

한국유행가 100년,《유행가와 역사 앙상블》강연과 스토리텔링과 도서 출판의 목적은, 가예문화(歌藝文化)의 생성과 창달입니다. 유행가의 유행화 문화 생성입니다.

가예문화는 자연인 한 사람의 인생과, 자연인으로서의 사람과 사람의 선택과 관계, 그들의 삶의 횡적인 시간과

상황의 공유와, 이러한 현상의 종적인 누적을 얽은 산
물·유물·보물입니다. 때로는 역사 속의 인물, 사건, 지
명, 특정 상황들이 유행가의 가사(노랫말)로 얽히거나 환
생을 합니다.

이런 면에서 유차영의 《유행가와 역사 앙상블》은 문학(文
學)과 사학(史學)과 인학(人學)에 가까운 콘텐츠입니다. 그
러니, 이 책(유차영의 스토리텔링)을 음학(音學)이나 음악(音樂)만
의 잣대로 저울질하려고 하지 마시기를 당부드립니다.

유행가의 유행화, 유행가스토리텔러의 새로운 장르가
유행이 되고 문화가 되는 세상이 백년 천년 이어지기
를… 소망합니다.

활초 인생 40년, 실천 10대 발자국
최고가 아닌, 최초를 지향한 길

1. 열등 · 분노 · 성취 · 자긍 · 공생심으로 진화.

2. 레드오션 속 블루로드 지향점을 향하여.

3. 1만 시간의 법칙 40년 지속, 나만의 27시.

4. 육필 메모와 기록 지속, 역사의 단초.

5. 상황별이 아닌, 연대 · 날짜별 편년의 사실 기억.

6. 적재형이 아닌, 책꽂이 파일형으로 기억.

7. 경험을 통하여 체질화한 강연, 공감 공유.

8. 삶, 3:3:3:1과 3ion을 실천, 셀프 컨트롤.

9. 『우리(WE)』 속, 금선(禁線) 준수.

10. 실천에 스승 없고, 제자는 오직 그림자뿐.

차례

1. 열등·분노·성취·자긍·공생의 마음에
불을 지르고, 스스로 휘발유를 뿌리세요

절대로 다시 돌아가고 싶지 않은, 지독하게 살아 낸 저의 인생 65년을 펼쳐봅니다. 이 글은 땀입니다, 눈물입니다, 감사하여 행복한 나의 본체(我)의 그림자입니다.

20세까지는 태어나서 슬하에서 자라났습니다. 굳이 한자로 표현하는 철(喆)들지 않은, 돌이킬 수도 없는 세월입니다. 아쉬워는 했지만, 후회는 단 한 번도 하지 않았습니다. 고등학교를 마칠 때까지, 저는 학업성보다는 사회성에 많은 시간을 할애했습니다. 부지불식(不知不識).

그 이후로는, 40여 년 저 스스로 거듭나려고 천착하면서, 제가 남겨둔 선명한 단어 5개가 있습니다. 태어나 부모님 슬하에서 자라서, 20세 이후 스스로 노력으로 거듭나고, 세상과 소통하고, 나누고 공유하면서, 남겨둔 인생의 이력입니다.

이 5개 단어는, 20대는 스스로 못마땅해 한 열등감. 30
대는 제도와 조직에 대한 배신감. 40대는 동료들보다 늦
었지만(6년), 성취감. 50대는 지독하게 천착한 37년 세월
에 대한, 자긍심. 60대는 공생감(경험 공유 · 재능 기부)이라는
단어입니다.

20대는 열등감을 에너지로 발전(發電)시킨, 시간 몰입의 용광로 같은 자력발전소

이런 스스로의 각인, 가슴 밭에 자리 잡은 씨앗은 발전
지향의 진화·강화·승화의 에너지원이 되기도 하고, 퇴
화의 길(깡패나 양아치 같은)로 들어서는 모멘텀이 되기도 하
는데, 저의 경우는 인생 역전을 향한 자력발전소가 되었
습니다.

그 발전소가 거창고등학교를 졸업하고 나서, 저의 의지
반, 형의 중학교 동창 소개를 받은 어머님 권유 반으로
진학한 육군3사관학교(당시 명칭, 육군제3사관학교)였고, 그 과
정은 의도하지 않았던, 직업군인의 길이 되었습니다.

이 자력발전소에서의 에너지는, 통제된 일과 속에서 생활시간의 확장(擴大)을 통한 역사(6.25전쟁사·인류문화사) 읽기와 그 현장 답사였습니다.

이 변화 모멘텀을 실천하기 시작한 저는, 저의 출발선에 대한 스스로의 열등감과 되돌아갈 수 없음에 대한, 재충전의 다짐과 실천으로, 매일 잠자는 시간을 줄이기 시작했습니다.

사관학교에서는 연등(延燈)·조등(朝燈)이라는 제도를 많이 이용했습니다. 훈육 계통으로 사전 신고를 하고, 통제된 취침·기상 시간보다 늦게 잠을 자거나, 일찍 일어나는 제도를 이용한 것입니다.

그 이후로 45년여를, 하루에 4~4.5시간만 등짝을 붙이고 잠을 잤고, 매일(매일이라고 할 수 있을 만큼), 새벽 2시 전후에서 5시 전후로는 역사와 유행가 책을 읽고, 자료를 메모(독서 카드·스크랩·타이핑 등)했습니다.

부족한 잠(시간)은 점심시간을 이용해서 20~30분 정도

쪽잠으로 채웠습니다. 저는 대대장·연대장(4회, 1차연대장·2차연대장·육군복지단장·국방부유해발굴감식단장)을 하면서, 점심식사시간을 10분 이상 사용한 적이 없습니다.(외빈이 동석하지 않는 한) 참모들의 시간도 보장해주었습니다. 그 시절 흔했던 순번제 5분스피치 이런 것은, 단 한 번도 요구(참모들에게)하지 않았습니다.

이처럼 스스로 용광로를 달구는 것처럼 몰입하고 천착(穿鑿)하는 듯한 일상에 저의 열등감이 녹아버렸습니다.

30대는 상대적인 분노심으로 출발한,
《유행가와 역사 앙상블》 블루로드 지향

1980년대 후반, 분노심은 국가의 제도와 조직(국방부·육군)에 대한 배신감이었습니다. 장교임관과정별 출신장교에 대한 제도적·묵시적 차별감이 그 씨앗이었습니다. 당시 육군장교임관과정은 육사·3사·ROTC·단기사관·기행사관·여군·기타 특별과정 등이 있었습니다.

저(활초)는, 독립개체인 대한민국 육군장교 유차영이 아니라, 늘 '특정출신장교'라는 상대적인 그늘에 가리어 있었습니다. 저의 그 당시(대위·소령) 근무 상태와 결과는 뒷전이고, 특정 부류 속의 저만 있는 듯하였습니다. 그러니 각종 선발(진급·연수·포상 등)에서도 후 순위이기가 다반사였습니다. 하지만, 군인의 길을 박차고 나오지 못했습니다. 활초라는 나무에, 가정(아내·두 아이)이라는 가지와 열매가 매달렸기 때문입니다.

제가 졸업한 거창고등학교는 개신교 학교로 인문계인데, 30대 시절, 저는 용접기술을 익히는 공고나, 주산·부기를 배우는 상고를 이수하지 않았음을 막연하게 아쉬워하기도 했습니다. 하지만, 이 또한 생각뿐이었지, 어떠한 결행의 모멘텀이 되지 못하였습니다.

그래서, 30세이던 1988년 8월 대위에서 소령 진급 선발(1차)에서 떨어진 날, 대한민국근현대사 100년, 그 편년의 역사 위에서 탄생한 노래《유행가》에 저의 눈총을 겨누었습니다. 《유행가와 역사 앙상블》이라는 지향점, 제 눈 화살의 과녁(목표)을 세웠던 것입니다.

이때부터 100년 역사 연도마다의 사다리에 걸린, 유행가 제목을 망원경으로 관찰하고, 그 노래마다의 7가지 요소, 작사·작곡·가수·시대·사연·모티브·그 시대 사람과 관련한 사실과 역사 이야기 등을 모았지요.

그렇게 연도별로 발표된 노래 제목을 막대기 같은 기둥에 줄로 세우고, 현미경으로 분자·원자를 관찰하듯 노랫말에 걸려 있는 역사의 모멘텀(사람이름·지명이름·역사적인 사건·특정단어·노래탄생 당시 상황 등)으로 세세하게 살을 붙이며, 씨줄 날줄을 얽는 공부를 하였습니다. 역사 속의 유행가 베(이야기 원단)를 짠 것이지요.

그렇게 35년여의 세월이 지나간 2021년 12월 4일, 한국 유행가 100년의 역사에서 최초의 유행가스토리텔러 인증서를 받았습니다. 도전한국인본부, 대한민국최고기록인증원의 인증서입니다. 대중가요 평론가가 아닌, 유행가스토리텔러~ 라는 새로운 장르 탄생.

일정한 연도가 경과할 때마다 승진 심사를 통하여 선발자와 탈락자가 분명하게 구분되고, 탈락자들은 정년전

2021.12.4. 대한민국최고기록인증원 인증서

역해야 하는 레드오션의 대표적인 조직인 국방 직업인
의 길에서 블루로드(Blue Road)를 개척한 것입니다. 레드
오션 블루로드(Red Ocean Blue Road)를~

현재는, 2014년 12월 31일 전역을 하면서, 단 하루도
건너뛰지 않고, 2015년 1월 2일 자로 개원했던, 《코리
아나 감동연구원》을 《한국유행가연구원》으로 사업자 명
칭을 바꾸어, 기업·기관·단체·학교 등에 출장 강연을
주로 하며, 유행가 해설 TV 출연, 라디오 생방송 진행과
동시에 각종 신문에 10여 년째, 유행가 스토리텔링 칼럼
을 연재하고 있습니다.

그 시절 국가 조직을 대상으로 하는 제도권과 조직에 대
한 분노와 배신감이, 나만의 콘텐츠와 아이템으로 새로운

장르, 블루로드를 개척한 씨앗, 에너지로 승화된 것입니다. 불평불만을 퇴행의 에너지로 불사르지 말고, 진화(進化)·강화(强化)·승화(昇華)의 모티브로 삼으시길 권합니다.

40대는, 작은 진출률 대열에 7전 8기로 합류한, 미안하면서도 고맙고, 자랑스러운 성취감

 저는 46세에 7전 8기로 대령으로 승진하였습니다. 특정출신으로 임관한 장교들 일부는 사단장을 할 연배였습니다. 이처럼 대령에 이르기까지 동료들(같은 해에 임관한), 사관학교 동기생에 비하여 6회(6년)의 진급 탈락과정을 거치면서, 7번째 떨어질 뻔하고, 승진한 직업군인은 대한민국 75년 국방역사상 드문, 행운아입니다. 제가 그 행운의 주인공입니다.

이처럼 탈락의 과정에서 저는, 먼저 승진한 사람들에게 먼저 전화를 하여 진심으로 축하를 해드렸습니다. 또한 저 스스로 낙오자처럼 비관하지도 않았습니다. 심지어

최종 발표 직전에 승진과 낙선의 이름이 바뀌었거나, 결정한 결과에 따라 부가되는 행정행위(이미 지나간)를 뒤에 수정한 경우도 있었음을 바람결이 전해주었습니다.

저는 육군제3사관학교(현, 육군3사관학교) 제17기, 1천6백여 분과 같이 입교하여, 최종 임관한 동기생은 1,331분입니다. 그중에서 640여 분이 1~4년 차로 소령으로 진급하였고, 그분들 중 250여 명이 1~4년 차로 중령으로, 그중 40여 분이 1~4년 차로 대령으로 승진을 한 것입니다. 이 중 10명이 준장으로 승진, 이 중 2명이 소장으로, 그중 1명이 중장·대장까지 진급하였습니다.

이 과정에서, 진급에서 떨어질 때마다 저는, 밤잠을 줄이며, 아무에게도 말하지 않고(아내에게만 기밀누설) 유행가스토리 연구에 더욱 집착했습니다. 스토리텔링이라는 말은 2000년대를 전후하여 통용되었는데, 저의 처음 지향점은《역사를 얽은 유행가 이야기》였습니다. 오늘날 저의 고유 콘텐츠가 된《유행가와 역사 앙상블》의 원조입니다.

50대는 홀로 지독하게 천착한,
37년 세월에 대한, 스스로의 자긍심

어느덧, 《직업군인》 37년의 세월 위에 직업군인과 《유행가와 역사 앙상블》 두 바퀴를 굴린 세월이 35여 년이 지나갔습니다. 매 계급 진급 심사 때마다 같은 대열, 선의의 경쟁에서 저로 인하여 1석(한 자리 진급 공석)을 차지하지 못한 많은 동기생(육군3사관학교 17기) 덕분에 저는 대령까지 승진도 하였습니다.

제 인생에서 동기생은 동반자·경쟁자·상생자입니다. 모두가 미안하고, 감사를 드릴 인연입니다. 지금은 많은 분이 저승길로 먼저 드셨고, 대다수는 자연인으로 순하게 익어 가는데, 모든 동기생들 사랑하고 존경합니다.

이처럼 군대 생활과 유행가스토리 연구를 병행한, 《유행가와 역사 앙상블》에 천착한 세월 덕분에 오늘날은 기업·기관·단체·지방자치단체·학교(대학/고등학교) 등에 강연도 나가고, TV와 라디오 방송에 장기적으로 출연하고, 여러 일간신문과 인터넷 매체나 잡지에서 원고 요청도 받고 있습니다.

스스로 지독하게 지속해 온 40여 년의 세월에, 스스로 감사하면서, 스스로 대견해합니다. 이는 상대적 자존감(自尊感)이 아니라, 스스로 가슴을 데운 주관적인 자긍심(自矜心)이라고 하더군요. 제 스스로 레드오션에서 피워낸 블루로드 꽃떨기입니다.

지금 살아가는 60대는, 제가 가지고 있는, 남다른 재능을 공감·공유·기부하는 공생(共生)

저는 60대 중반의 고갯길을 돌아서 고희를 바라보는 세월의 나그네입니다. 제가 가끔 거울 속을 바라보면, 젊은 날 저의 모습을 닮은, 황혼으로 가는 나그네 한 사람이 서 있습니다. 저는 그에게 질문을 합니다.

'선생님, 지금 어디로 가고 있습니까.
 오늘은 무엇을 하였습니까.
 내일은 무엇을 하시렵니까.'

거울 속 나그네가 대답을 합니다.

'공생(共生)의 길을 찾고, 걷고 있어요.
 저는 《유행가와 역사 앙상블》이라는 콘텐츠로
 대한민국 근현대사를 유행가로 재해석하는
 유행가스토리텔러입니다.'

'제 여생(餘生)은, 유행가를 부르면서,
 유행가에 얽힌 사연을 이야기하면서,
 유행가를 부르는 세상을 만드는 길을 걸어가렵니다.'

여러분들도 느리게 천천히 걷는 황혼 길에서, 이런 거울
속 나그네를 만나시기를 기원드립니다. 저 나그네도 한
50년 전에는 이팔청춘이었을 것이 분명하겠지요. 철없던
이팔청춘~. 『아주 기발한, 최초의 장르』를 지향한 세월.

NBS TV, 「유행가 품은 역사」
신간서적 인터뷰

2. 레드오션 속에서 블루로드 지향점을 찾으세요.
통속적이지만, 독특한 화살이 지향할 과녁~

세상에 없는 나만의 콘텐츠나 아이콘은, 찾기가 쉽지 않습니다. 그것이 레드오션 속의, 저마다의, 불특정 각자의 블루로드 지향점입니다.

더군다나 그것이 내가 미치도록 좋아하고, 잘하거나 잘할 수 있는 분야가 아니라면, 찾아봐야 소용이 없습니다. 스스로가 30~40년을 지속할 수가 없기 때문입니다.

내가(불특정 저마다) 잘할 수 있는 분야는, 백성백화(百姓百花)이고 백가쟁명(百家爭鳴)입니다. 그래서 스스로 지향할 아이콘과 콘텐츠를 정하는 일은 스스로 지극해야 합니다. 이것은 행호사(行好事)입니다.

예를 들면, 서예·요리·그림·건축·가요(클래식/대중가요)·영화·의복·세계/국내여행관광지·언어·성곽·인물·사건·전적지·분야별 독서·종교성지 등등이 될 수가 있겠

습다. 이 외에도 천만 가지가 넘을 것입니다. 총총한
바늘 촉처럼. 이것은 행방편(行方便)입니다.

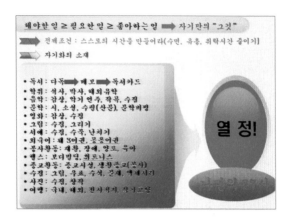

이렇게 선정한 지향점에는 공통의 기둥이 있어야 합니
다. 주춧돌 위에 우뚝한 기둥이 대들보를 받치고, 대들
보가 사방팔방으로 뻗친 서까래를 걸고, 지붕이 억누르
는 허공 중의 힘을 분산시키는 것입니다. 물리학에서의
힘의 분산 법칙입니다. 한 채의 견실한 스토리텔링 건축
물이 되는 것입니다.

이 스토리텔링 공통의 기둥은, 인류의 편년역사(編年歷史)
입니다. 호모사피엔스는 이 편년의 역사 강 물결 위에
놓여, 영원으로 흘러가는 각각의 배이면서, 어울려 살아

갈 수밖에 없는 선단(船團)입니다.

이처럼 각자와 선단의 조화와 충돌과 마찰에는 저마다이거나 공통의 문화가 생겨납니다. 저마다이면 개성(個性)이고, 공통이면서 펑퍼짐하게 어우러진 문화(文化)입니다. 개성이면 1회성 마디가 되고, 문화이면 역사가됩니다.

인류의 기록역사는 7천여 년 전부터입니다. 구약성경이약 6천5백여 년 전의 기록입니다. 대한민국의 역사는 5천여 년 전부터이고, 우리의 근현대사의 시작은 1876년강화도조약으로 칩니다. 이 역사에 대한 개념설정의 기초는 독서입니다. 역사의 거울, 책을 펼쳐서 들여다보아야 합니다. 이것은 사경(史鏡)입니다.

이 근현대사(역사)를, 저마다 각자(불특정 개인)가 선정한 아이콘과 콘텐츠로 재해석하는 스토리텔링 자료를 연구·구축해야 합니다. 이것을 30~40년 지속하면, 아무리레드오션 속에서라도 블루로드가 열립니다.

이 저마다의 아이콘과 콘텐츠는, 순간의 영감으로 포착될 수도 있고, 긴 세월의 숙고 기간이 필요할 수도 있습니다. 이는 절실하고 간절함의 정도에 따라 다를 것입니다.

국민가요황제 조용필은 어두운 밤, 여의도에서 방송을 마치고, 청담동 집으로 달려가는 올림픽대로에서 바라본, 한강 물결에 일렁거리는 불빛이 악상의 영감이었고, 국민애창곡 〈안동역에서〉 작사가 김병걸은, 찌그러진 함석 쪼가리 간판에서 〈동동구루무〉 노랫말을 펼쳐냅니다. 필자는 김 작사(반야월이 부르는 김병걸)와 경희궁의 아침, 《김병걸과 차차차》에서 종종 마주합니다. 그가 살아온 서정가요 작사 에너지를 받기 위해서….

김병걸, 활초

작사의 신(작신) 이건우는, 1593년 6월 29일, 임진왜란 제2차진주성전투 승전 결과, 촉석루에서 승전파티(1593.7.7)를 하던 중이던, 왜군 장수 게야무라 로쿠스케를, 남강 위암(危巖)으로 유인하여 그를 안고 남강물에 뛰어든 민족의 의녀(義女, 妓女가 아닌) 주 논개를 389년 만에

대중가요 유행가 〈논개〉로 환생시켰습니다. 이것은 이
건우가 고등학생 때 작사를 한 것, 이후 당구장에서 이동
기가 사준, 자장면에 감동하여 건네준 노랫말입니다.

MGTV, 백가사전(百歌史傳), 2022-2024. 이건우, 활초

유행가의 매력과 마력은 바로 이런 것입니다. 때로는 역
사적인 사건이, 역사 속의 인물이, 특정의 기억과 추억
을 머금은 지명과 고향이 영감이 됩니다. 이런 영감은
대중들의 가슴팍 감성온도를 상승시켜줍니다. 이것이
대중 인기입니다.

3. 1만 시간의 법칙을 평생 실천하세요. 구호를 외치는 사람은 지도자가 아닙니다~

1만 시간의 법칙을 구호로 외치(강연)는 사람은, 지도자가 될 자격이 없습니다. 이것을 스스로 실천해 보지 않은 사람은, 이 말을 하지 마시기를 당부드립니다.

신이 모든 사람에게 공평하게 준 것은, 시간과 죽음입니다. 모두에게 공평하게 주어진 시간은, 하루에 24시간입니다. 하지만, 사용 권한은 각자에게 허락했습니다. 그래서 하루의 생활시간은 모두가 다릅니다.

8시간은 잠자는 시간, 8시간은 출근하여 일하는 시간, 8시간은 공유·허투루 시간. 이것이 보통 사람들의 일상입니다.

여기서 나만의 시간으로 조절할 수 있는 시간은 잠자는 시간입니다. 이 시간을 3~4시간 줄여야 합니다. 하루에 등을 붙이고 4~5시간을 자도 죽지 않습니다. 단, 어느

틈새이건 쪽잠을 조금 자야만 합니다. 의사들은 늘 경고를 하지요. 잠을 충분히 자라고, 하지만 그 의사들은 책(논문)으로 공부를 한 사람들이지 스스로 잠을 40년간 줄여본(임상 체험을 한) 사람들은 아닙니다.

1일 3시간, 1년이면 1,095시간입니다. 1,095시간을 10년 하면 10,950시간입니다. 비로소 1만 시간의 법칙을, 1회 행한 것입니다. 20년이면 2만 시간, 30년이면 3만 시간, 40년이면, 비로소 4만 시간입니다.

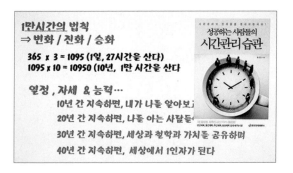

스스로 선택한 아이콘·콘텐츠에 대하여, 편년 역사를 기둥으로 삼아서, 연도·시대·세대별로 스토리텔링을 하기 위하여 시간을 투자하는 것입니다.

스스로 10여 년의 세월에 걸쳐서 1만 시간을 몰입하고 나면, 내 가족들 이외에는 아무도 나를 알아주는 이가 없습니다. 약간은 허무하기도 하지요. 20여 년의 시간을 몰입하여, 2만 시간 정도가 흐르면, 가까운 지인들이 '나에게 남다른 영혼의 주머니'가 있음을 은근하게 알아차립니다.

30여 년을 몰입과 천착을 거듭하여 3만 시간 정도가 흐르면, 세상이 나(불특정 몰입자)를 알아줍니다. 도서 출판, 칼럼 게재, 강연 요청 등이 그 증거입니다. 40여 년을 몰입한 세월이 흘러 4만 시간 정도로 이어지면, 세상에서 '나만의 콘텐츠가 하나의 장르'가 됩니다. 내가 새로운 장르 개척자가 되는 것이지요.

2021년 12월 4일, 대한민국 근현대역사 100년에서, 유행가스토리텔러 제1호가 탄생했습니다. 도전한국인본부, 대한민국최고기록인증원. 그 주인공은 한국유행가연구원 원장, 활초 유차영입니다. 글로벌사이버대 특임교수.

활초는 매일 저녁 9시(21시) 전후로 잠자리에 듭니다. 지나간 하루를 빨리 마무리하고, 새날을 새벽에 일찍 열기 위함입니다. 다음날 02시 전후에서 일어나 05~06시 전후까지, 유행가와 역사를 얽은 책을 읽거나, 요약하거나, 원고를 정리하거나, 강연 자료를 편집합니다.

끝이 없는 길, 이 길은 내 육신과 영혼이 허물어지지 않는 한 지속될 것입니다. 다른 사람들은 저를 유행가스토리전문가라고 하지만, 저는 초보자에도 이르지 못한 듯합니다. 100년의 역사 위에 펼쳐진 119만여 곡(2023년 10월 말)의 노래를 언제 다 펼쳐볼 수 있을까요.

새벽 2시에서 6시 사이에는, 적막한 어둠과 저와 신(神)만 같이합니다. 문자도 카톡도 오지 않습니다. 그 흔한 부고장 청첩장도 오지 않습니다. 안방에서는 아내가, 문간방에서는 아이들이 꿈을 꾸고 있습니다. 이 시간은 오로지 나만의 시간입니다.

1만 시간의 법칙을 지속하려면, 하루에 4끼니를 먹어야 합니다. 집중하면 배가 고픕니다. 에너지 소모 때문입니다. 이 중의 새벽 끼니는 새참입니다. 코코아 한 잔도 좋고, 쌀밥 3~4스푼도, 단팥빵 1개도 저에게는 참 좋습니다. 간혹 1개의 라면도 과하기는 하지만 멘탈 컨디션에도, 피지컬 컨디션 조절에도 아주 좋습니다.

글을 읽거나 쓰거나 공부하는 사람은, 포도당 탄수화물 섭취를 적절하게 해야 합니다. 집중을 많이 하면서, 포도당 섭취를 잘 하지 않으면 머리가 어지럽습니다. 의학적으로는 잘 모르겠으나, 저의 체험으로는 그렇습니다.

세종대왕은, 한글 창제를 위하여, 구양수와 소동파가 주고받은 한자 편지 책, 『구소수간』을 100번 이상 정독을 하였답니다. 1천 번을 읽었다는 바람결에 들려오는 소리도 있습니다.

여기서 발견한 중국 글(한자)의 취약점이 바로, 띄어쓰기였습니다. 띄어 읽는 상황마다 해설이 달라지니까요. 글자 수와 의미 해석의 다난(多難)함도 마찬가지입니다. 그래서 훈민정음을 창제한 것입니다. 하루에 4시간 이상 잠을 자지 않으면서 고민을 한 것입니다.

이순신 장군은, 거북선을 건조해 내기 위하여 31세 연상의 정걸 장군을 조방장(참모장)으로 모시고, 나대용과 나치용 형제와 머리를 맞대고, 하루에 4시간 이상을 누워서 자지 않았습니다. 그래서 왜군들이 쳐들어오기 1일 전에 진수한 거북선이 3척(본영귀선, 순천귀선, 방답귀선)입니다.

대중가요와 이순신 · 임진왜란 강의록

시간은 나의 시간, 남의 시간, 공공의 시간으로 구분됩니다. 여기서 내가 조정할 수 있는 시간이 나의 시간입니다. 젊을수록 삶의 태도와 열정이 귀하며, 연식을 더 할수록 시간이 귀합니다.

4. (지능지수가 높더라도) 메모와 육필기록을 하세요. 기억을 능가하는 기록은 역사의 단초입니다

노력은 모자라는 지능지수를 보충해줍니다. 기록은 기억을 능가하는 증거가 됩니다. 순간의 메모는 활자화를 위한 기록의 단초가 됩니다.

문장은 글자와 단어와 어휘가 주어 서술어와 결합된, 씨줄 날줄의 베, 종이 위에 펼쳐진 원단입니다. 이렇게 만들어진 수려한 문어체가 솔깃한 구어체의 어머니가 됩니다.

디지털 기록(영상·SNS·녹취 등) 시대이지만, 손 글씨를 쓰세요. 먹물이나 볼펜 잉크는 물에 풀리지 않습니다. 굵은 볼펜이 글자를 잘 쓰이게 합니다. 황금색 만년필은 겉보기에 번쩍거리더라도, 글자를 써 놓으면 습기(물기)에 금방 번져서 읽을 수가 없습니다.

일기는, 씌어진 그 시간 그날의 판화입니다. 나의 역사이면서, 선택과 관계의 증거입니다. 순간의 감성이기도 하고, 이성적인 마디이기도 합니다.

이순신 장군은, 임진왜란 1년 전부터 정유재란까지의 2,405 일 중 1,593일 기록을 『난중일 기』(7책 2첩)로 남겼습니다. 1592 년 1월 1일부터 노량해협 관음 포에서 54세로 순국하기 2일 전인, 1598년 11월 17일까지의, 2,539일 중, 일기를 적  은 날이 1,593일입니다. 연도와 날짜별로 남긴 편년체 입니다. 이 난중일기를 모티브로 부른 유행가가 조영남 의 〈난중일기〉입니다.

로마의 장군 시저(카이사르)는 『갈리아 전기』를 남겼습니 다. 갈리아 지방으로 전투를 나갔을 때의 기록인데, 이 것은 상황별로 기록한 것입니다. 임진왜란 중의 한산도 대첩, 행주대첩, 제1차진주성전투, 부산포해전, 옥포해 전 등과 같은 전투상황 기록인데, 난중일기에 비할 바가 아닙니다. 임진왜란 제2차 진주성전투(1593.6.29)에 매달린 유행가가 이동기의 〈논개〉입니다.

관련 서적 독서는 초서독서(抄書讀書)를 하세요. 초(抄)는 베껴 쓴다는 의미입니다. 각자가 읽는 책의 내용 중에서 관심이 가는 부분은 밑줄을 긋고, 책 페이지의 공간에 스스로의 느낌이나 책을 읽으면서 다른 자료를 찾아본 것을 기록하세요.

그리고 그 책을 다 읽고 나면, 다시 첫 페이지부터 넘기면서, 밑줄을 긋거나, 스스로 해설을 기록해 놓은 것은 모아서 다른 독서 카드에 기록을 하세요. 이것이 훗날, 책을 발간하거나, 칼럼을 쓰거나, 강연을 하거나, 방송에 출연할 기회에 참고자료가 됩니다.

1801년 남쪽 바닷가 강진으로 유배를 갔던 다산 정약용은, 고향 양주 두물머리에 남아 있던 아들들에게 편지를 자주 보냈습니다. 이것은 『유배지에서 보낸 편지』 책입니다. 여기에서 초서독서를 강조하였습니다.

활초 하루의 삶 상당 부분은 기록의 시간입니다. 활초

는 45년 전, 직각으로 하루하루를 살아내던(견디어내던) 사관학교 시절, 훈련과 학업과 심신 단련을 근간으로 하던 중에도, 그 일상을 시화(詩畵)로 적어, 스스로 이름을 붙인 《화이트 송》으로 보존하고 있습니다.

43년 전 아내 소피아와 나눈 육필 편지를, 소피아가 보낸 편지, 활초가 보낸 편지로 구분하여 제본해서 보존하고 있습니다. 그 시절의 편지지 봉투 우표 등은 지금은 희귀한 자료이기도 해요. 두 아이(현, 40세 38세)와 주고받은 편지는 책자로 제본을 해서 보존하고 있지요. 《당신을 사랑하는 이유》, 《사랑하기 때문에》.

활초 ↔ 소피아 연애시절. 편지, 첫 사진(1982년), 여름, 속초…

활초는 육필 《대령일기》를 보존하고 있습니다. 《연대장 일기》, 《참모장 일기》, 《국제군악축제 참가일기》 등. 10년 동안 하루도 거르지 않은 기록입니다. 그날의 일기를 펼쳐 읽으면, 그날의 숨소리가, 발자국이, 관객들의 감동 소리가, 건배의 술잔 부딪치는 소리가 댕강거리고 있습니다.

활초는 국방부유해발굴감식단장 시절, 유해발굴과업과 국립서울현충원을 모티브로 지은 시를, 옥당지 창호지에 붓으로 직접 써서, 『목숨 걸고 지켜낸 자유, 아~ 대한민국』으로 이름 붙인 시첩(詩帖)을 묶었습니다. 인사동 필방에서 조선시대 기법으로 보존처리를 한 것을 국립서울현충원에 기증하여, 만남의 광장에 10여 년 동안 전시한 후, 현재는 제가 직접 보존하고 있습니다.

활초가 기록 보존을 위하여 출판한 책은 16권입니다. 『한국대중가요 100년사』, 『한국대중가요 100년, 유행가가 품은 역사』, 『한국대중가요 100년, 유행가에 얽힌 사연』, 『트로트 열풍(미스터트롯 본선 100곡 해설)』, 『곡예사의 첫사랑(미스트롯 본선 100곡 해설)』, 『대중가요 임진왜란』, 『대중가요 6.25 전쟁』, 『대중가요 월남의 달밤』, 『여명에 돌아온 전우』, 『바람이 숲에게 고함』, 『끝나지 않은 전쟁』, 『Invincible No Man(거창고등학교 직업선택 10

계)』, 『화담』, 『비단결 청춘 고백』, 『워카 37년』, 『Action Commandership』 등이며, 이 중 8권이 한국유행가 100년사 《유행가와 역사 앙상블》 관련, 1900연대부터 2020연대까지의 편년체 해설서입니다.

두 자녀(아들·딸)의 성장 연령과 외국사관학교(뛰르키예) 5년 파견 기간 중 주고받은 편지, 대한항공과 알리탈리아 항공 승무원을 지내는 동안 주고 받은 편지는, 연도와 일자 순으로 편집한 제본 책을 보존하고 있습니다. 《가슴으로 전한 편지》.

대대장·연대장 시절, 전우들과 주고받은 편지는, 원본 그대로 보존하고 있습니다. 이처럼 마음의 소통 통로인 육필 편지를 주고받은 덕분에 34년 6개월여의 장교 생활 중 단 한 건의 안전사고(사망·상해·탈영·미귀·도난·분실·대민·환경 등)도 발생

보병 제182연대장 시절

하지 않은, 35년 완전 무사고로 군 복무를 만료하였습니

다. 이러한 완전 무사고 복무는 대한민국 국방역사 75년의 희귀한 실증 사례입니다.

육필 편지는 마음과 마음을 이어주는 강입니다. 편지는 전화보다 마음을 절절하게 전할 수가 있습니다. 아내와 아이들, 지인과 육필 편지를 나누세요. 편지는 상대방의 마음을 움직입니다. 편지는 마음속의 강을 따라 오가는 마음의 강물이지요.

각자(불특정 개인)가 선정한 콘텐츠와 아이콘과 관련한 자료(책, 신문, 잡지, 전단지)는 가능한 한 스크랩을 하고, 각자의 메모장에 기록을 해야, 자기화가 됩니다.

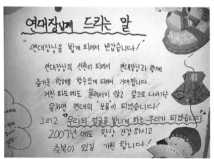

전우와의 소통

동반의 시간, 순간들

5. 상황별 역사 인식보다, 편년의 사실을 꿰차세요. 근현대사 100년의 마디에 매달린 유행가~

한국유행가 100년, 《유행가와 역사 앙상블》의 모티브와 모멘텀이 되는 역사의 마디는, 1876년 강화도조약(병자수호조규)으로부터 2023년 코로나-19 종식까지의 나날입니다. 그리고 다시 백 년…

이 일련의 세월 강 위에서의 역사적 모멘텀들은, 상황별 인식보다 상황 속의 내용을 날짜를 포함하여 꿰차야 합니다. 망원경으로 관측한 그 역사의 마디를 편년의 역사 궤적에 올려놓고, 현미경으로 관찰하세요. 각자(불특정 개인)가 선정한 콘텐츠와 아이콘을, 이 편년의 역사 줄기에 엮어야 스토리텔링이 가능합니다.

유행가로 재해석하는 한국 근현대사 100년, 《유행가와 역사 앙상블》은 바로 이 역사의 줄기에 걸려 있습니다. 이 콘텐츠와 관련되는 편년의 궤적으로 펼쳐보겠습니다. 이 궤적은 그 시절 탄생한 노래와 노래가 탄생하면

서 머금거나 영향을 미친 역사적인 사건에 대한 스토리
텔링입니다.

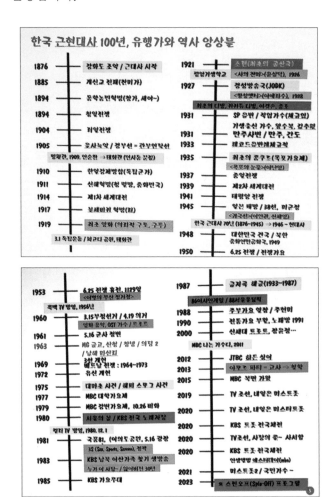

1876~2023년, 근현사연표

▶ 한국유행가 100년의 사조·경향

1876년 강화도조약(병자수호조규)은 우리 근대사의 시발점입니다. 그해 부산항, 1880년 원산항, 1883년 인천항 개항이 쇄국에서 개국으로 이어진 첫 단추입니다. 1850년대 초반 미국 극동함대의 함포 외교로 서양(미국·네덜란드)을 향하여 문을 연 일본은, 그로부터 24년 뒤에 영국의 폐군함 운요호를 구입, 강화도 앞바다를 어슬렁거리면서 함포공갈협박 개항을 요구한 것입니다.

1885년 4월 5일 부활절을 기하여 언더우드와 아펜젤러가 의료사업과 교육을 근저로 하는 개신교 활동을 시작하면서, 성경과 찬송가가 한글(언문)로 번역되고, 대중들은 이를 접하게 됩니다. 이렇게 전해진 찬송가는 찬미가로 불렸습니다.

창가(唱歌)라는 갈래

이의 영향으로 1894년 동학농민혁명 당시, 녹두장군 전봉준 장군을 응원한 노래가 창가(唱歌)의
시초입니다. '새야 새야 파랑새야/ 녹두
나무에 앉지 마라/ 녹두꽃이 떨어지면/
청포장수 울고 간다.' 이 노래는 충청 전
라지방에서는 조금 느리게, 경상도 지방
에서는 조금 빠르게, 오늘날까지 불립니다. 그 이전의
우리 노래는, 민요 창 판소리 등으로 불렸습니다.

고려 시대 예종 임금 당시, 아악으로 전래되어 우리 노
래와 병합된 음악을 당악, 송악 등으로 불렀으며, 이와
구별하기 위하여 우리 노래는 별곡·속악·향악으로 불렀
습니다. 이러한 우리 노래는 전통적으로, 음성서·대악
서·관음방·장악원 등으로 관장기관을 두었으며, 조선
시대에는 《해동가요·청구영언·가곡원류》를 3대 악장으
로 전합니다.

이러한 노래가 일본제국주의 식민지, 34년 351일을 거
친 후, 국악원 등을 설립하여 우리의 전통음악으로 면면
하며, 대중가요와 정통국악으로 구분합니다.

동학농민혁명 창의군을 응원하면서 대중화된 창가, 〈새야새야 파랑새야〉를 우리 유행가의 단초로 치면, 2023년을 기준으로 우리 유행가는 130여 년이고, 1921년경 통곡(統曲 · 統聲)된 《희망가》를 시작으로 치면 100년입니다. 2020년을 전후하여 일어난 트로트 열풍에서 말하는 한국대중가요 100년은 후자에 근거한 산술적 역산(曆算)입니다.

이 노래 속의 파랑새는 바로, 그 당시 조선에 와 있던, 왜국(일본)의 군사와 청나라 군사들입니다. 노래 속의 녹두꽃은 전봉준 동학혁명군 사령관이고, 청포 장수는 조선 민족입니다.

이러한 〈새야 새야 파랑새야〉 노래는 1894년 전라도에서 출정하여 충청도를 거쳐 한양을 향하여 진군하던 동학농민혁명 창의군이, 공주 우금치 고개에서 관군과 일본군에게 저지당할 때까지, 혁명 응원가로 불립니다. 하지만 그해 12월 전봉준 장군이 순창에서, 옛 부하 김경천의 밀고로 체포된 이후에는, 민중가요로 오늘날까지 전합니다.

창가에서 독립군가로

이렇게 대중들의 목청을 넘나들던 창가는, 1905년 을사늑약과 1910년 경술국치를 분기령으로 의병가에서 독립군가로, 항일민족저항정신을 대변합니다.

우리 의병은 1885년 명성황후 시해 사건으로 일어난 을미의병, 1905년 을사늑약으로 일어난 을사의병, 1907년 대한제국 군대해산으로 일어난 정미의병이며, 이때 해산된 군인들의 상당수는, 만주·간도·상해·연해주 등으로 이주하여, 독립군이 됩니다. 이들의 열창이 독립군가⋯.

이런 민족저항운동은 국내의 독립운동과도 연계되며, 1921년 1월 21일 고종 임금의 서거로 인한 장례식을, 40일 장(葬)으로 시행할, 1921년 3월 3일을 기점으로 독립만세혁명운동을 도모하였습니다. 그날이 바로 3월 1일입니다. 장례식 3일 전이지요. 이때 지방의 유림(儒林, 학문을 한 선비)들은 두루마기에 갓끈을 죄고 한양(파고다 공원)으로 향하며, 고종 임금 장례식 참석 이유를 제시하며,

49

독립혁명만세운동장소로 향했습니다.

이날 민족대표 33인 중 29명은 인사동 태화관에서 독립
선언서를 낭독하고, 종로경찰서(조선총독부 경무국 산하)로 자
진 출두를 합니다. 이에 파고다 공원에서는 학생대표였
던 정재용(1886~1976. 경신고)이 낭독하였습니다. 태화관은
1909년 오픈한 우리나라 최초의 룸살롱 명월관(동아일보
사옥 터)의 분점이었습니다.

이처럼 우리 민족의 저항혁명만세운동을 접한 일본제국
주의자들은, 조선의 식민통치정책을 급히 수정합니다.
초등학교(보통학교) 선생들도 일본도 칼을 차고 다니던 헌
병경찰 무단통치에서, 그 칼을 스스로 풀어, 내려놓은
일반경찰 문화통치로의 전환입니다.

동요와 어린이라는 단어

그래서, 1920년대 초에 동아일보와 조선일보가 창간되
고, 언론 집회 문화예술의 자유가 일부 허용됩니다. 이

시기에 나온 잡지가 소파 방정환의 『어린이』이고, 여기에 최순애의 〈오빠생각〉과 이원수의 〈고향의 봄〉, 윤극영의 〈반달〉 등이 실립니다. 우리 동요의 시작입니다.

여기 최순애(수원)와 이원수(마산)는 어린이 잡지를 통하여 편지로 7년여를 교류를 하다가 훗날 부부가 됩니다. 이처럼 우리 민족에게 제한적으로 언론·집회·문화예술활동을 허용한 것이 일본제국주의자들의 문화통치(文化統治) 정책이었습니다.

대중들의 통성(統聲) 유행가

1921년경 비로소 〈희망가〉가 통창(通唱)됩니다. 이를 기준으로 2021년을 한국대중가요 100년이라고 합니다. 이때 불린 우리 노래 명칭은, 《창가, 신민요, 유행소곡》 등으로 불렀으며, 1930년대 《유행소곡, 유행가곡, 유행가》란 말이 사용됩니다. 이때 시나 시조에 가락을 붙인 노래를 《예술가곡》이란 용어로 사용합니다.

유행가 (流行歌)

① 아악(雅樂·唐樂) / 향악(鄕樂) ⇒ 1116년(고려 예종)
② 음성서(音聲署) / 관현방(管弦房) / 장악원(掌樂院)
  ⇒ 이왕직양악대, 조선음악, 대한국악원, 국립국악원, 국악
③ 조선 3대 악장: 청구영언 / 해동가요 / 가곡원류
④ 창가(唱歌) / 유행소곡 / 신민요 / 유행가 / 대중가요
⑤ 한국대중가요 100년(1921, 희망가) ⇒ 130년(1894, 새아~)

유행가: 1곡 7제(작사·작곡·가수·시대·사연·모티브·사담)
歌三什百人友 = 歌壹百千人友 = 歌三百萬人友

이때 일본제국주의 조선총독부는, 우리 민족의 내면 감성이, 그들에 대한 저항으로 뭉치고 표출될 낌새를 알아차리고 교활한 수작을 펼칩니다. 1926년 3년제 《평양기생학교》 설립, 1927년 《경성방송국》(JODK) 설립, 1933년

《축음기(레코드)음반취체규칙》이 그 예입니다. 대한제국 국민들을 풍류·풍기·감성(나그네·망향·눈물) 등의 성향으로 전도되는 분위기를 조장합니다. 일종의 왜곡편향된 딴따라~ 경향이지요.

대한제국에 기술이전과 같은 시도는 없고, 일본에서 생산된 상품의 시장화와, 대한제국의 자원을 일본으로 반출(강제·징탈·착압)하는 등, 섬나라에서 대륙을 갈망하거나 지향하는 시도를 합니다. 그 예가 1940년대까지 우리나라 6개(콜롬비아, 빅터, 포리돌, 시에론, 오케, 태평) 정도의 레코드사 지사(지점)를 운용했지만, 가수 모집에만 열을 올렸지 정작 음반녹음 시설은 일본 본국 오사카 등을 중심으로 운용했던 것입니다.

유행가에서 가요곡으로

1941년경부터 일본제국주의 조선총독부는 《유행가》라는 용어도 사용을 금지시키며, 《가요곡》으로 사용하도록 강요했습니다. 만주사변, 중일전쟁, 태평양전쟁으로 이어지던 군국시대에 유행가라는 명칭을 꺼렸던 것입니다.

1933년 일본제국주의 조선총독부는 《축음기(레코드)음반 취체규칙》을 공표하여, 발표되는 노래를 사전 검열하고, 금지곡으로 지정을 합니다. 이때는 유행가는 물론이고 찬송가까지 검열을 합니다. 이 시기 금지곡은 〈나운규아 리랑〉(아리랑), 〈희망가〉 등입니다. 이 시기(1910~1945) 일 본제국주의 조선총독부는 1만여 개가 넘는 규제를 공표 하였답니다.

최초의 콩쿨대회

1935년에는 목포에서 전국단위의 최초(최초라고 할 만한)의 콩쿨대회가 열립니다. 1927년 개국한 경성방 송국 지국(대전·목포·부산 등)에서 활 동할 전속가수를 선발한 대회입니 다. 이 경연에서 1등 곡은 〈목포 의 눈물〉, 2등 곡은 〈부산찬가〉, 3등 곡은 〈평양 행진곡〉이었습니다. 여기 1등 곡 〈목포의 눈물〉은 원래 제목이 〈목포의 사랑〉이었으나, 조선총독부의 검열과정에서 〈~눈물〉로 바뀌었답니다.

1945년 8월 15일 일본은 천왕제를 포함한 무조건으로 항복 패망합니다. 이에 우리 민족은 1910년 8월 29일 (강제병합 서명은 8월 22일) 경술국치(庚戌國恥) 이후 34년 351일 만의 해방광복을 맞이합니다. 하지만 이때 우리 민족과 한반도는 38선이라는 정치적이면서 이념의 대칭인 동시에 지정학적인 분단상태에 놓입니다.

이 시기를 전후하여 우리나라 유행가음반이나 음악관련 자료들을 찾기가 어렵습니다. 한국대중가요 11000 자료에도 1943년 9월경부터 1946년까지의 노래들은 거의 없는 상태입니다. 이인권의 〈귀국선〉도 1945년 상황을 묘사하고 있지만, 1949년에 음반으로 발표된 노래입니다.

미 군정기와 좌우 이념의 눈 흘김

1945년 9월경부터 3년여는 미
군정이 실시됩니다. 미국 육군
제24군단장 존 하지 중장을 사
령관으로, 6사단 7사단 40사
단 장병 17만여 명이 38선 이남을 관할했습니다. 이때
1945년 10월 18일 서울 시공관(명동예술극장)에서 펼친, 미
군에 대한 위문공연을 주관한 악단이 김해송이 단장을
하던 KPK악단입니다. 이 악단의 이름은 김해송(K)·백은
선(P)·김정환(K)의 영문 이름 첫 글자를 조합한 것입니다.

당시 미 24군단은 한반도에 주둔하고 있던 일본군의 무
장해제와 행정행위를 하였는데, 당시 38선 이남에는 17
만여 명의 일본 군인이 있었고, 소련이 점령한 북한지역
에는 3만여 명의 일본 군인이 쫓겨났습니다.

이들이 집결해서 도망가듯 쫓겨, 떠나간 출항지가 제주
도 모슬포입니다. 오무라 병영으로 불리던 곳, 6.25 전
쟁 당시 육군제1훈련소입니다. 이곳에서 전쟁이 한창이
던 1952년에 탄생한 노래가 황금심 선생의 〈삼다도 소
식〉입니다.

존 하지 중장이 군정을 시작한 초기, 이 시기에 남조선 노동당(공산당, 박헌영)이 창당(1946.11)되어, 새롭게 발표되는 유행가 대중가요에 대한 이념의 갈피를 살피는 감시의 눈길이 주목됩니다.

이때 발생한 경향으로 당국의 감시 눈길을 회피하는 낭만·사랑·이국정서 등에 대한 노래가 탄생합니다. 〈신라의 달밤〉, 〈인도의 향불〉, 〈홍콩아가씨〉, 〈샌프란시스코〉, 〈페르샤왕자〉, 〈아메리카 차이나타운〉 등의 노래들이 뒤이어집니다.

건국과 6.25 전쟁

1948년 여러 우여곡절을 거쳐 대한 민국이 건국됩니다. 뒤이어 1950년 6월 25일부터 1953년 7월 27일까지, 3년 1개월 1,129일간 동족상잔의 전쟁 불길에 휩싸입니다.

6.25 한국전쟁, 1,129일

이 시기에 전쟁터와 피난지에서도 유행가가 울려 퍼집니다. 〈전우야 잘 자라〉, 〈굳세어라 금순아〉, 〈전선야곡〉 등이 전장을 서사한 노래들이고, 〈꿈에 본 내 고향〉, 〈경상도아가씨〉, 〈삼다도 소식〉 등이 피난지와 후방 상황을 서사한 곡조들입니다. 6.25전쟁 휴전협정에 매달린 유행가는 〈이별의 부산정거장〉, 〈에레나가 된 순이〉, 〈슈샤인보이〉, 〈봄날은 간다〉 등입니다.

미8군무대라는 예술시장

이렇게 6.25 전쟁이 휴전된 후 1957년 동경에서 서울로 미8군사령부가 이전해 옵니다. 이 시기부터 본격적으로 미8군무대가 펼쳐집니다. 당시 한반도에는 미군 30여만 명이 300여 곳에 분산되어 상주했습니다.

이때부터 1964년 베트남 전쟁 발발 시기까지를 제1기 미8군무대로, 미군 주둔 병력은 30여만 명, 이후는 5만여 명으로 제2기 미8군무대로 치면 됩니다. 특히 1956년~1960년 어간에 우리나라에 흑백 TV가 방영됩니다.

또한 1957년을 기점으로 SP판이 LP판으로 전환됩니다.
우리나라에 컬러 TV는 1980년 12월 1일부로 방영되었
습니다.

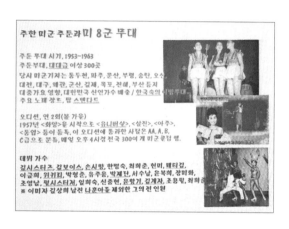

월남전쟁 월남파병
뽕짝과 트로트의 발흥

1960년대는 월남전쟁에 파병된 상황의 노래가 울려퍼
집니다. 〈월남의 달밤〉, 〈님은 먼곳에〉, 〈기러기아빠〉,
〈월남에서 돌아온 김상사〉, 〈봉타우에서 온 편지〉, 〈월
남에 계신 오빠에게〉 등입니다.

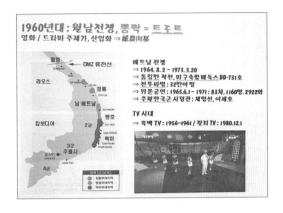

이때 1965년 6월부터 1971년까지 월남파병장병 위문공연단이 파견됩니다. 83회 1,160명이 대대급 주둔지를 중심으로 2,922회나 공연을 하였습니다. 이때 가장 많이 불린 노래가 이미자의 〈동백아가씨〉이며, 이는 비둘기부대 사단가(師團歌)라고까지 풍성거렸습니다.

이 시기에, 21세기 우리 고유의 노래라고 풍성거리는 트로트가, 뽕짝이라는 깃발을 들고 펄럭거립니다. 이러한 뽕짝이라는 단어는 너무 통설적이라는 세설(世說)의 바람결에 스러지고, 어설픈 트로트라는 용어를 사용합니다. 트로트는 1910년대 미국에서 생겨난 폭스트롯(트로트)이란 말(장르)에서 기인된 것인데, 오늘날 세계적으로 트로트라는 용어를 장르로 사용하는 나라는 우리나라가 유일합니다. 다만 외국에서도 멜로디로는 사용을 하고 있답니다.

대마초(해피스모그) 사건
조총련 추석 고향방문단

1975년대는 문세광 사건과 대마초사건이 대중가요 유행가의 물길을 휘돌렸습니다. 1974년 8월 15일 장충동 남산 국립해오름극장에서 제29회 광복절 기념행사가 진행되고 있었습니다. 이때 기념사를 하고 있던 박정희 대통령을 향하여 문세광이 권총을 발사합니다. 이 흉탄에 육영수 여사께서 서거하셨습니다.

문세광은 만경봉호를 통하여 북한의 지령을 받고 조총
련으로부터 50만 원의 공작금을 받은 공작원이었습니
다. 이 만경봉호를 모티브로 한 유행가가 문주란의 〈눈
물의 북송선〉입니다.

이후 일본에서 활동 중이던 조총련 교포들이 1975년 9
월 13일부터 2주일간 '조총련추석고향성묘단'이란 이름
으로 우리나라(그들의 모국)를 방문합니다. 698명이었습니
다. 이때 부산항 제1부두에 울려 퍼진 노래가 〈돌아와요
부산항에〉입니다. 이 노래는 1969년~1976년까지의 곡

절을 거쳐서 음반으로 나
오는데, 원곡은 〈돌아와
요 충무항에〉(김성술·김해일)
였습니다.

그해 12월 3일에는 《대마초사건》(해피
스모그사건)이 발생합니다. 대중연예인들
상당수를 대마초 흡연을 근거로 대중
예술활동을 금지 시킨 사건입니다. 대
마초흡연금지법은 이듬해이던 1976년

5월경 공표되었습니다. 권위와 낭만의 충돌로 상징되던 시대였습니다.

서울의 봄
남북이산가족찾기 생방송

1980년대는 '서울의 봄'으로 통칭됩니다. 권위와 낭만의 충돌기입니다. 서울(대한민국)의 민주화 물결로 대변되는 말인데, 이는 1960년대 후반 체코에서 일어난 민주화 운동 물결. '프라하의 봄'에 엇댄 시류였습니다. 세칭 군사 권력에 대한 저항이었습니다. 1960년대 이후 큰 물결을 이루었던 근대화 산업화의 성공으로 먹고살 만하게 된 시기였습니다. 이에 30여 년 전, 6.25 전쟁 휴전의 끝자락에 매달린 실향·망향·이산의 상처를 헤아리는 국가·국민운동이 전개된 것입니다.

1983년 KBS주관으로 진행된 《남북 이산가족 찾기 운동, 아직도 이런 슬픔이》가 그 모멘텀입니다. 이때 첫날 불린 노래는 곽순옥의 〈누가 이 사람을 모르시나요〉였고, 하룻밤 만에 탄생한 절창 유행가가 설운도의 〈잃어버린 30년〉입니다.

여기 30년은 6.25 전쟁이 휴전된 1953년부터 1983년까지의 간극(間隙)입니다. 이후 1987년 레코드음반사전 검열제도도 폐기하여, 금지곡 시대의 막을 내립니다. 평택 출신, 사회성이 짙은 노래를 하는 가수 정태춘의 공(功)이었습니다.

역사의 갈피에 묻힌 금지곡
전통가요 부활

1987년을 분기령으로 금지곡이라는 단어가 역사의 갈피에 묻힙니다. 1933년 일본제국주의 조선총독부의《축음기(레코드)음반취체규칙》으로부터, 1946년 좌우이념의 눈총, 1956년 건전가요보급운동, 1970년대 권위와 낭만의 충돌기를 거쳐, 54년여의 세월 강을 따라 흘러온 유행가 망선(網船)같은 굴레였습니다.

1990년대는 전통가요 부활 시대입니다. 〈베사메무초〉를 아코디언으로 연주를 하면서 열창하던 노태우 대통령의 지향이었지요. 이는 1960년대 우리 노래의 장르로 활황(活況)된 트로트(뽕짝)의 부활로 이어집니다. 이 트로트는 1920년을 전후하여 미국에서 탄생한 장르인데, 오늘날 세계적으로 대중음악 장르로 통용하는 나라는 우리나라

밖에 없습니다. 다만 외국에서도 연주곡으로는 사용되고
있습니다.

이처럼 유행가 장르도 의상(衣裳)·헤어스타일(頭髮)·요식
(料食) 등의 유행처럼 30년 단위로 온고지신(溫故知新)으로
윤회(순환)한답니다. 이러한 경향이 2020년을 전후하여
우리나라에 불어닥친 '트로트 열풍'입니다.

이때(전통가요부활, 1990년대) 트로트 삼국시대가 열리며, 현
철·송대관·설운도·태진아를 축으로 하는 기성세대 바
람이 일어납니다. 이에 대하여 신세대들이 트로트 고고,
신세대 트로트 등을 기치로 무대 위를 펄럭거립니다. 장
윤정·박상철·박구윤·현빈 등인데, 이러한 경향을 신구
세대 간의 충돌로도 풍설합니다.

역사 속 인물의 유행가 환생
100세 시대

2000년대는 고사가요(古史歌謠) 시대입니다. 역사의 모멘텀이나 역사 속의 인물을 유행가요의 소재로 얽는 것입니다. 1995년 전미경의 〈장녹수〉를 시작으로, 2007년 박상철의 〈황진이〉가 대표적인 곡조입니다.

이때 김소월의 〈진달래꽃〉 시도 노래로 환생을 합니다. 마야의 목청을 넘어온 유행가입니다. 김소월의 시 《초혼》·《진달래꽃》 속, 시의 행간에 숨어 있는 '오순'이라는 여인이 《유행가와 역사 앙상블》에 매달립니다. 소월이 그토록 사랑했던, 주검 앞에 문상을 하고 돌아와서 읊조린 연상의 여인, 산산이 부서진 이름~.

2007 / 황진이. 한송, 박현진, 박상철(1977 삼척 노래하는 미용사)

→ 송도삼절(황진이 = 명월, 진달, 서화담, 박연폭포), 조선 11대 중종일금 시절 기생
※ 일제 일백호(청초 우거진 골~), 한우(북창이 맑다 하여~), 벽계수, 이사종, 지족선사

67

이 시기에 100세 시대라는 말이 처음으로 등장합니다. 그래서 세월과 나이를 읊은 노래들이 출현하지요. 나훈아의 〈고장 난 벽시계〉, 신유의 〈시계바늘〉, 방어진의 〈동동구루무〉 등의 노래들이 이에 해당됩니다. 이애란의 목청을 울린 〈100세인생〉(원곡, 저세상에서 부르면 이렇게 답하리)이 세상을 울립니다.

신장년이라는 개념 탄생
유행가로 환생한 철학과 철학자

2010 신장년 개념과 100세 시대 철학 유행가가 등장합니다. 조용필의 〈바운스〉는 신구세대의 갈등 봉합과 세대 개념의 구획을 새롭게 하였으며, 이애란의 〈100세인생〉과 오승근의 〈내 나이가 어때서〉와 같은 연세를 묘사하는 노래들이 세간의 관심을 받습니다.

이때 등장한 시류가 철학가요, 김연자의 〈아모르 파티〉가 절정입니다. 신은 죽었다고 설파한, 망치를 든 철학자 니체의 『짜라투스트라는 이렇게 말하였다』 속에 나온, 네 팔자를 사랑하라는 《운명애》(아모르파테)가 유행가의 노랫말과 가락으로 펄럭거린 것이지요. 이에 뒤이어 매달린 나훈아의 절창이 〈테스형〉입니다.

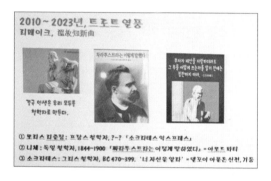

코로나19의 창살 없는 감옥에 갇힌 유행가
경연이라는 이름의 리메이크 송
한국유행가의 흥창(興唱)과 신유행가 퇴조(退潮)

2020년대는 인류를 의료위생적으로 강압한 코로나-19의 창살 없는 감옥에 갇힌 시대와 세대였습니다. 이때 불어온 트로트 열풍은 가요우민(歌謠憂民)의 폐퇴(廢頹)라고 일갈하지 않을 수가 없습니다. 퇴조(退朝)라고 설파해야 훗날 평설자들로부터 평(評)의 회초리를 조금은 덜 맞을 듯합니다.

흘러간 노래를 불러내고, 흘러온 노래를 선정하고, 이를 앵무새처럼 조련시켜서, 무대 위에서 안방의 시선을 사로잡는 행각 일색은 방송매체나 오픈 공연장이나 하나같았습니다. 무대장치·안무·율동·의상·음향·악기연주 등 개인기가 방편이고 수단이었습니다.

21세기 이 풍진 시대를 묵시·풍자·해학하는 신유행가는 찾아볼 수가 없습니다. 노래는 세상과 통한다고 했던, 공자의 치세락(樂) 난세분(憤) 망국탄(嘆)의 설파 앞에 안면이 송구하네요.

21세기 내로남불, 두 쪽으로 갈라진 민심, 영혼이 멍든

사람들의 괴행(怪行), '끼리'라는 단어 속에 스스로를 가둔 패거리들을 얽은 신유행가(新流行歌)가 간절합니다. 다시 100년의 세월 강을 흐를 애창곡~.

대중가요 유행가도 "아주 색다른, 남다른 최초의 최고"를 지향하시기를 소망합니다. 『아주 기발한, 최초의 장르』. 이 풍진 세상을 풍자·해학·익살하는 노래.

▶ 한국유행가 100년, 10단위 대표곡

이런 우리의 근현대사 100년 세월의 마디에 걸린 1920년대 노래가, 1921년 〈희망가〉, 1926년 〈나운규아리랑〉. 윤심덕의 〈사의 찬미〉, 1927년 이정숙의 〈낙화유수〉(강남달), 1928년 이애리  수의 〈황성옛터〉(황성의 적)입니다. 이후 10년 단위의 대표 유행가를 펼쳐봅니다.

1930년대 유행가는 이난영의 〈목포의 눈물〉(목포의 사랑+ 갈매기 우는 항구), 김정구의 〈눈물 젖은 두만강〉, 고복수의

〈타향살이〉(타향), 채규엽의 〈마라손제패가〉, 김정구의 〈왕서방 연서〉, 백년설의 〈대지의 항구〉, 박부용의 〈노들강변〉(신민요), 고복수의 〈짝사랑〉, 김영춘의 〈홍도야 우지 마라〉, 남인수의 〈애수의 소야곡〉(원곡, 눈물의 해협), 장세정의 〈연락선은 떠난다〉, 박향림의 〈오빠는 풍각쟁이〉, 진방남의 〈꽃마차〉 등입니다. 이때는 망국탄(亡國嘆)의 노래들이 주류를 이룹니다. 이때, 내가 가장 좋아하거나 잘 부르는 노래를 "18번"으로 통칭하는 사회적 통념이 생겨납니다.

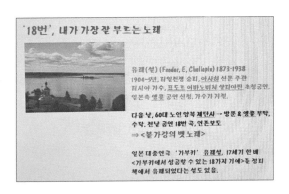

'18번', 내가 가장 잘 부르는 노래

유쾌(셀) (Feodor, E, Chaliapin) 1873·1938
1904~5년, 김일전쟁 승리, 아사히 신문 주관
러시아 가수, 표도르 이바노비치 샬랴핀 초청공연,
일본측 앵콜 공연 신청, 가수가 거절,

다음 날, 60대 노인 양복 제단사 → 방문 & 앵콜 부탁,
수락, 전날 공연 18번 곡, 연존보도
⇒ 〈볼가강의 뱃 노래〉

일본 대중연극 '가부키' 유쾌셀, 17세기 한 배
〈가부키에서 성공할 수 있는 18가지 기예〉를 정리
책에서 유쾌되었다는 설도 있음.

1940년대 유행가는 백년설의 〈나그네 설움〉, 〈번지 없는 주막〉, 고운봉의 〈선창〉, 〈고향설〉, 이인권의 〈귀국선〉, 원방현의 〈꽃 중의 꽃(1956)〉, 현인의 〈신라의 달밤〉, 남인수의 〈가거라 38선〉, 박재홍의 〈울고 넘는 박달재〉,

현인의 〈럭키서울〉, 이화자의 〈화류춘몽〉, 남인수의 〈울며 헤진 부산항〉, 백난아의 〈찔레꽃〉, 현인의 〈비 내리는 고모령〉 등입니다.

이 시기는 해방광복과 남북분단, 좌우 이념의 갈래, 막연한 서양 동경의 정서, 미군정에 따른 혼란 등등의 사조가 출렁거립니다. 세계만방에서 독립운동을 하던 독립운동가와 임시정부 요원들이 귀국합니다. 일본의 패망과 시기를 같이하여, 일본 시모노세키와 부산을 잇던 관부연락선(부관연락선)이 폐기된 시기이기도 합니다.이후 미군정을 거쳐서 1948년 8월 15일, 대한민국이 건국됩니다.

1950년대 유행가는 현인의 〈전우야 잘 자라〉, 한정무의 〈꿈에 본 내 고향〉, 신세영의 〈전선야곡〉, 현인의 〈인도

의 향불〉, 박재홍의 〈물방아 도는 내력〉, 김용만의 〈남원의 애수〉, 손인호의 〈비 내리는 호남선〉, 명국환의 〈방랑시인 김삿갓〉, 이해연의 〈단장의 미아리고개〉, 현인의 〈서울야곡〉, 한정무의 〈에레나가 된 순이〉, 박단마의 〈슈샤인 보이〉, 현인의 〈굳세어라 금순아〉, 백설희의 〈봄날은 간다〉, 남인수의 〈이별의 부산정거장〉, 〈추억의 소야곡〉, 심연옥의 〈시골버스 여차장〉, 손인호의 〈한 많은 대동강〉, 안정애의 〈대전부르스〉, 황정자의 〈처녀 뱃사공〉, 박재홍의 〈유정천리〉 등입니다. 이 시기는 6.25 전쟁을 서사하는 시절, 전장과 피난지가 엇갈리던 시대입니다.

1960년대 유행가는 현인의 〈베사메무초〉(남국의 처녀), 백야성의 〈잘 있거라 부산항〉, 오기택의 〈영등포의 밤〉, 최희준의 〈맨발의 청춘〉·〈하숙생〉, 고봉산의 〈용두산 엘레지〉(추억의 용두산), 김세레나의 〈갑돌이와 갑순이〉, 남진의 〈가슴아프게〉(원곡. 낙도 가는 연락선), 은방울자매의 〈임계신 동작동〉·〈마포종점〉, 패티김의 〈서울의 찬가〉, 김태희의 〈소양강 처녀〉, 한명숙의 〈노오란 샤쓰의

사나이〉, 김용만의 〈왈순아지매〉, 이미자의 〈동백아가 씨〉·〈섬마을 선생님〉, 송춘희의 〈수덕사의 여승〉 등이 불렸습니다.

이 시기는 6.25 전쟁의 상처 아물기와 재건기, 산업화와 근대화의 시발기로, 이 시기에 영화 주제가를 부르는 가 수가 대중들의 인기를 얻는 경향이 일어납니다. 최희준 의 〈하숙생〉, 이미자의 〈동백아가씨〉·〈여자의 일생〉, 최무룡의 〈외나무다리〉, 박재홍의 〈유정천리〉, 패티김 의 〈누가 이 사람을 모르시나요〉(원곡 가수 곽순옥), 문주란 의 〈동숙의 노래〉 등이 이 시기의 노래입니다.

1970년대 유행가는 양희은의 〈아침이슬〉, 남진의 〈님 과 함께〉, 나훈아의 〈고향역〉(원곡, 차창에 어린 모습), 송창식 의 〈고래사냥〉, 〈왜불러〉, 조용필의 〈돌아와요 부산항 에〉(원곡, 돌아와요 충무항에), 허성희의 〈전우가 남긴 한 마디〉, 김하정의 〈금산아가씨〉, 박인희의 〈목마와 숙녀〉, 민희 라의 〈님의 침묵〉, 문주란의 〈눈물의 북송선〉, 혜은이의 〈제3한강교〉 등입니다.

이 시기는 권위와 낭만의 충돌 시기입니다. 청생통(청바지 · 생맥주 · 통기타) 문화에 경도된 시기이기도 합니다. 대한민국 근대화의 공칠과삼(功七過三)의 지도자로 평가받는 박정희 대통령 시대를 마감한 역사 능선의 고갯마루(1979.10.26) 시대이기도 합니다.

1980년대 유행가는 조용필의 〈간양록〉(건거록), 정광태의 〈독도는 우리 땅〉, 윤수일의 〈아파트〉, 이동기의 〈논개〉, 설운도의 〈잃어버린 30년〉, 김연자의 〈천하장사〉(씨름의 노래), 주현미의 〈신사동 그 사람〉, 김수희의 〈남행열차〉, 김희갑의 〈임진각에서〉, 조영남의 〈화개장터〉, 윤희상의 〈칠갑산〉, 문희옥의 〈팔도 아줌마〉 등이 불렸습니다.

특히 이 연대에는 조용필의 〈간양록〉과 이동기의 〈논개〉

등의 노래로 400여 년 전의 임진왜란을 모티브로 한 절
창 유행가가 신애국주의 이념의 감흥 불길에 휘발유를
뿌렸습니다. 정광태의 〈독도는 우리 땅〉은, 우리 땅을
왜 우리 땅이라고 노래로 외치느냐는, 쉰 목소리를 들으
면서 탄생한 곡조이지만, 이 노래는 유행가가 아니라 애
국대중가요입니다.

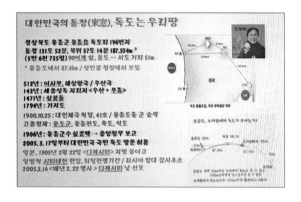

1990년대 유행가는 김흥국의 〈오십구 년 왕십리〉(도선대사
와 무학대사, 천하제일복지), 주현미의 〈사할린〉, 배일호의 〈신
토불이〉(우루과이라운드), 전미경의 〈장녹수〉(연산군과 중종반정),
방실이의 〈서울탱고〉, 김지애의 〈남남북녀〉, 심수봉의
〈백만 송이 장미〉 등이 시대 서정을 머금은 유행가로 불
렸습니다.

2000년대 유행가는 전통가요와 고사가요의 병행 시대입니다. 박상철의 〈황진이〉(벽계수·소세양·지족선사·임제 임백호와 한우), 진성의 〈안동역에서〉, 신유의 〈시계바늘〉, 나훈아의 〈고장 난 벽시계〉, 강문경의 〈아버지의 강〉, 마야의 〈진달래꽃〉, 최백호의 〈청사포〉, 한동엽의 〈동동구루무〉, 진성의 〈보릿고개〉, 송해의 〈내 고향 갈 때까지〉등이 불렸습니다.

2010년대는 2020년대와 엇대어 꼬리를 물고 흐르는 유행가, 트로트 열풍의 강물입니다. 싸이의 〈강남 스타일〉, 조용필의 〈바운스〉, 오승근의 〈내 나이가 어때서〉, 이애란의 〈100세 인생〉, 김연자의 〈아모르 파티〉, 나훈아의 〈테스형〉으로 이어집니다.

2019년부터 풍성거린 트로트 열풍 경연장의 노래는 예선과 본선 무대를 통틀어 99%가 넘는 곡목이 리메이크 곡조입니다. 이 경연대회에서는 원곡 가수가 세상에 내놓은 옛 노래의 메시지와 시대를 아물고 있는 감흥은 찾아볼 수가 없습니다.

태생적인 환경이나 인생살이의 곡절과 관련한 스토리가 있으면서 노래를 잘하는 인원들을 사전 심사로 선발하여, 3개월여의 조련 기간을 거쳐서 앵무새 같은 가창을 하도록 합니다. 여기에 무대·장치·음향·조명·율동·안무·장기(악기연주 무술) 등을 혼연(混衍, 섞어서 혼돈하게 하는)하여 방청객이나 시청자들을 혼란스럽게 합니다. 시대 서정(이념)과 대중들의 감성(삶)을 읽은 원곡 유행가를 그냥 21세기형 대중가요로 전락시킨 것이나 다를 바가 없습니다.

유행가는 1곡 7요소를 아우른, 역사의 마디나 사건 사람을 읽은 노랫말들입니다. 작사·작곡·가수·시대·사연·모티브·사람 등을 유행가 범주에 포함시키는 필자의 전제입니다. 특히 모티브는 역사적인 사건이나 역사 속의 인물이 준거입니다. 이런 준거로 치면, 모든 유행가는 대중가요의 범주에 속하나, 모든 대중가요(사랑·이별·배신·재회 등을 소재로 한)는 절대로 유행가의 범주에 들여놓을 수가 없습니다.

2023년 후반을 기준으로, 한국음악저작권협회 가입(등록) 곡은 119만여 곡, 음반을 낸 가수는 40만여 명이라고 합니다. 여기 곡 수는 통계치이고, 가수 숫자는 통계가 아니라, 작사 작곡가와 가수들의 풍설(風說)입니다. 이것이 한국대중가요 100년, 편년의 역사 연도에 매단 곡조들입니다.

이처럼 100년 국민애창곡을 망원경으로 관찰하여 곡목을 정하고, 그 곡목에 대한 7요소(작사·작곡·가수·시대·사연·모티브·사람)를 현미경으로 관찰하듯이 자료를 종합하여 정리 출판한 활초의 책들이, 유행가스토리텔러 제1호로 거듭나게 한 것입니다.

이러한 35여 년의 세월이 피워 낸 꽃과 열매가 활초의 유행가해설서입니다. 『한국대중가요 100년사』, 『한국대중가요 100년, 유행가가 품은 역사』, 『한국대중가요 100년, 유행가에 얽힌 사연』, 『트로트 열풍(미스터트롯 본선 100곡)』, 『곡예사의 첫사랑(미스트롯 본선 100곡)』, 『대중가요 임진왜란』, 『대중가요 6.25 전쟁』, 『대중가요 월남의 달밤』 등입니다.

각자(불특정 개인)가 선정한 콘텐츠와 아이콘에 대하여, 이처럼 편년의 역사 연도 위에 펼칠 수 있도록 자료를 정리하면, 레드오션 속에서도 자신만의 블루로드가 개척됩니다. 내일부터 하루에 3시간의 잠자는 시간을 줄이고, 30~40년 후를 향한 발걸음을 내디디기를 권합니다.

이렇게 하면, 『아주 기발한, 최초의 장르』에 도달할 수 있습니다.

한국콜마연수원장, 2015~2024
글로벌사이버대 특임교수, 2023~

한국 유행가는 30년 단위로 온고지신의 유행을 반복합니다. 1930년대 엔카, 1960년대 뽕짝(트로트), 1990년대 전통가요부활, 2020년대 트로트 열풍이 그 증거입니다. 이제는 이 유행을 지속시켜야 합니다. 유행가와 역사앙상블 스토리텔링으로….

얼마 전, 서산시에서 주최한 《2023년 서산아카데미》에 초청 강사로 다녀왔습니다. 《유행가에 얽힌 사연》(한국인이 사랑한 국민 애창곡, 그 속살과 애환)이 제 강연 주제였습니다.

그날 저녁, 이완섭 시장님께서 120분 강연을 녹음하면서 동참하시고, 다음날 그분의 SNS에 강연 내용을 요약한 후기를 직접 올려 주시고, 저에게 문자를 보내셨습니다. '원장님은 아이큐가 200 정도 되시고, 뇌 속에 대형 컴퓨터 디스크가 내장되어 있는 듯합니다.'라는 내용입

〈2023 서산아카데미, 2023.5.16〉

82

니다. 감사드립니다. 시장님.

저는 강연을 할 때, 슬라이드 영상자료를 사용할 경우와 그냥 연설 방식을 택할 때가 있습니다. 이 둘 중에 어느 방식을 택하더라도 저는, 저의 기억에 의한 강연을 펼칩니다. 관객을 위한 슬라이드 PT는 게시를 하는데, 이는 청중들이 저의 스토리텔링을 공감하는 데 중요한 징검다리 역할을 합니다. 이렇게 2시간 정도를 논스톱으로 달리면, 청중들 상당수는 저의 기억장치에 대한 의문점을 갖는 듯합니다.

역사 속의 사건, 인물, 연도, 사람 이름, 내용, 통계 수치 등등을 거침없이 이어갑니다. 간혹 제가 사용하는 단어나 자료 등에 대하여 강의 중에 검색하는 모습도 더러 보입니다. 그럴수록 저는 더욱 열의를 더하지요. 저는 제가 사용하는 원고는 없고, 관객(청중)들이 오롯한 모습으로 저를 바라보는 반짝거리는 눈동자가 원고입니다.

저는 기억을 적재형으로 하지 않고, 파일형으로 합니다. 적재형은 일종의 시루떡 방식의 '층층기억방식'이고, 저

의 파일형기억법은 '책꽂이형파일방식'입니다. 적재형은
세월이 지나면서 밑바닥에 깔린 내용이 짓뭉개집니다.
하지만 파일형은 파노라마처럼 언제라도 펼쳐낼 수가
있지요.

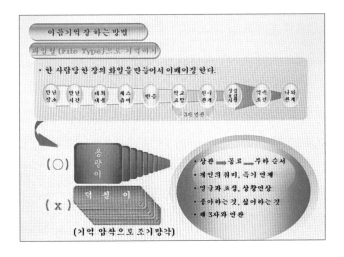

스스로가(불특정 개인) 선정한 콘텐츠와 아이콘과 관련한
사항을 기억하거나, 자료를 정리할 때는, 꼭 '책꽂이형
파일방식'으로 기억해 보시기를 권합니다. 이 방식의 자
료는 언제라도 빼볼 수 있지만, 층층형은 매번 위층을
걷어(들어) 올려야 아래 것을 꺼내어 볼 수가 있지요.

최초라는 타이틀을 단 노래와 행사

이처럼 제가 파일형 파노라마로 기억한, 유행가 중에서 최초라는 타이틀을 단 노래들을 펼쳐드립니다. 역사적인 사실(제도·법·행사·사람 이름 등)을 한국근현대사 역사 위에 편 년으로, 과거로부터 오늘에 이르기까지 펼쳐드립니다.

최초의 창가, 유행가
〈새야새야 파랑새야〉

1894년 동학농민혁명 당시 녹두장군 전봉준을 응원한 유행가가 〈새야새야 파랑새야〉입니다. 이 노래가 최초 의 창가(唱歌, 유행가)입니다. 이 노래는 1885년 4월 5일 부 활절을 기하여, 성경책과 찬송가를 들고 우리나라에 온 언더우드와 아펜젤러가 들어와서 이를 한글로 번역하여 일반 국민(당시 백성, 百姓)들이 읽으 면서 의식과 인식을 깨우친 후, 새야새야~ 노래를 부릅니다.

1921년 〈학도가〉가 최초로 SP 음반으로 발매되었습니다. 이는 김인식 최남선 둘 중 누구의 작사인가, 설이 분분합니다. 이 노래는 일본의 〈철도 창가〉 멜로디입니다. 이 시기에 통가(統歌)로 불린 노래가 〈희망가〉입니다. 이 〈희망~〉이 〈학도~〉보다 통창되어서, 〈희망가〉를 한국 대중가요 100년의 최초 곡으로 치기도 합니다.

1926년 일본에서 성악을 전공한 윤심덕은 8월 3일 날, 오사카 닛토레코드에서 〈사의 찬미〉를 녹음하고, 그날 저녁 유부남 연인이던 김우진과 같이 관부연락선(시모노세키–부산)을 타고 부산으로 오던 중 대마도 인근 현해탄에 동반 투신하여 아직도 돌아오지 않았습니다. 이 노래가 우리나라 가수가 부른 최초의 유행가입니다. 곡은 형가리 민요 〈도나우강의 잔물결〉 멜로디였습니다. 이 노래는 한 번 녹음을 했는데, 가수는 영원의 세계로 떠나가고 예술품만 남은 예입니다.

1927년에는 무성영화 〈낙화유수〉의 주제곡인 〈낙화유수〉(강남달)를 이정숙이 불렀습니다. 김서정 작사 김영환 작곡 이정숙 노래입니다. 이 곡은 작사 작곡 가수 3요소가 다 우리나라 사람입니다. 그래서 이 곡을 최초의 유행가인 동시에, 최초의 OST 곡으로 칩니다. 여기 김서정과 김영환은 진주출생으로 같은 사람입니다.

1927년 2월 16일, 경성방송국(JODK)이 개국됩니다. 당시 일본에는 3개의 방송국이 있었습니다. JOAK(동경), JOBK(오사카), JOCK(나고야)였습니다. 이에 우리나라 경성(서울)에 제4방송국을 개국했던 것입니다. 그들은 이때 일본어 방송을 국어방송이라고 하고, 우리말(한국어)을 조선어라고 표기했습니다. 1926년 평양에 개교한 평양기생학교의 과목에도 일본어를 국어로, 우리말을 조선어표 표기했습니다.

1927년에는 일본의 빅타레코드사, 1928년에는 일본의 컬럼비아레코드사(미국과 합작)와 포리돌레코드사가 조선(경성)영업소를 개업하고, 1927년 이철이 일본 오케레코드와 제휴하여 오케레코드사를 설립하여 독자적으로 운영하였으므로, 이를 우리나라 최초의 레코드사로 통설하기도 합니다. 하지만 필자의 견해는 일본제국주의의 그늘에서 벗어나지 못하였다는 것입니다. 뒤이어 1930년대에는 시에론, 타이헤이, 기린, 쇼지쿠, 돔보, 코리아, 밀리온, 디어레코드 등 군소 레코드회사들이 생겼습니다.

최초의 SP 음반,
막간가수 직업가수

1928년에는 우리나 유행가 중의 최초 음반(1931년 음반)에 속하는 이애리수의 〈황성옛터〉(황성의 적)가 불립니다. 채규엽의 〈아리랑〉·〈희망가〉도 같은 해 나온 음반입니다. 일본제국주의 식민지 시절 우리나라에는 6개의 주요 레코드사가 주로 활동을 하였답니다. 콜롬비아·빅터·포리돌·시에론·오케·태평이 그들입니다.

1930년대 최초로 직업가수가 등장합니다. 1911년 함흥 출생 취성좌 막간가수 출신 채규엽이 그 주인공. 그는 원산 신명학교 졸업 후 1927년 일본 간다음악학원에서 성악을 공부하고, 1928년 귀국, YMCA에서 독창회를 개최하였습니다. 1930년 서울 안국동 근화여학교에서 교사로 재직하던 중 콜럼비아레코드사에서 〈봄노래

봄노래 부르자/채규엽 대취곡 (1930년)

부르자〉를 취입면서 우리나라 최초의 직업가수가 되었습니다. 하지만 해방 광복후 1948년경 고향 함흥으로 간 뒤 행적이 묘연합니다.

직업가수로 불리기 이전 1920년대에는 막간가수로 통칭했었습니다. 태양극단 출신 이난영(김해송 아내), 토월회 출신 강석연(농구 감독 방열 어머니), 신극좌 출신 이음전(이애리수), 원산 출생 김용환(김정구 형), 신무대악극단 출신 신카나리아(신경녀), 눈물의 여왕 이경설, 태평레코드 출신 윤백단, 평양기생학교 출신 왕수복, 부천 주막집 출신 이화자, 최초로 서양식 예명을 사용한 미스리갈(장옥조), 대정 한성 권번 출신 김추월 등도 막간가수로 활동을 했었습니다.

최초의 노래 검열
최초라고 할 만한 콩쿨대회

1933년 일본제국주의 조선총독부는 『축음기(레코드)음반 취체규칙』(조선총독부령 제47호, 1933.5.22)을 발표하여 최초로 검열과 금지곡 지정을 시작합니다. 〈아리랑〉, 〈희망가〉 등이 최초의 금지곡입니다. 이처럼 일본제국주의 조선총독부는 우리 민족을 통할지배(統轄支配)하기 위하여 1만여 가지의 규제령을 공표했었답니다.

이 축음기(레코드)음반취체규칙에 의하여 〈목포의 눈물〉 노래 제목도, 원래 문일석(본명 윤재희)이 10대도시 애향가 사 모집에서, 1등을 했던 〈목포의 사랑〉에서 〈~눈물〉 로 변경할 수밖에 없었답니다.

1935년 오케레코드와 조선일보 공동으로 우리나라 최초 (최초라고 할 만한)의 콩쿨대회가 목포에서 개최되었습니다. 여기서 1등을 한 노래는 이난영의 〈목포의 눈물〉입니다. 이 노랫말이 걸린 멜로디는 손목인(본명 손득렬)의 〈갈매기 우는 항구〉였습니다. 2등 곡은 〈부산노래·부산찬가〉, 3

등 곡은 〈평양행진곡〉입니다.

〈목포의 사랑〉 가사는 3,000대 1의 경쟁에서 1등으로 당
선되었습니다. 이는 1934년 개최한 제1회 전국 향토노래
가사 현상공모전에서, 조선 10대 도시(경성·평양·개성·부산·
대구·목포·군산·원산·함흥·청진)의 애향 가사 중 1등을 한 노랫
말이라는 의미입니다. 이 곡은 원래 고복수가 취입하려
고 하던 것을 작곡가 손목인이 목포에 관한 노래이니, 목
포 출신 가수가 부르면 좋겠다고 하여 이난영이 녹음을
하였습니다. 이난영은 1916년 목포 양동 출생입니다.

2절의 첫 부분이었던, '삼백년 원한 품은 노적봉 밑에'라
는 가사가 검열에 걸려서, 가사지만 '삼백련(三栢淵) 원안
풍(願安風)은 노적봉 밑에'로 개사하고, 녹음은 개사 전 그
대로 하여 1935년 9월 발표하였습니다.

1935 / 목포의 눈물
⇒ 문일석, 손목인, 이난영 (고복수 → 이난영)
▪ 목포의사랑 + 갈매기 우는 항구
▪ 최초 콩쿠르 대회 1등 (부산전기, 평양행진곡)
▪ 평당대첩 = 고하도, 삼도수군통제영 / 최초의 피난민 구호소, 세토동병원(여의운)

91

1935년 10월 『삼천리』(발행인 김동환, 국경의 밤 시인)에서 조사한 10대 가수에 이난영은 3위로 이름을 올리고, 5만 장을 판매합니다.

직업가수 최초 인기 조사 1위, 왕수복
최초의 MC 전방일, 기예증(技藝證)제도

1935년 잡지 《삼천리》(발행인 김동환)가 실시한 인기 투표에서 기생 출신 가수 왕수복이 1등으로 선정되었습니다. 뒤를 이은 가수는 선우일선·이난영·전옥이었습니다. 평안남도 강동 출생 왕수복(1917~2003)은 명륜여자공립보통학교 3학년 때, 평양기생학교에 입학하여 3년 과정을 마치고 졸업하였습니다. 1933년 (17살) 폴리돌 레코드사에서 〈고도의 정한〉, 〈인생의 봄〉을 취입하였습니다. 당시 10대 가수 인기조사는 오늘날의 인기차트의 원조와 같습니다.

1917~2003, 왕성실

이후 왕수복은 1930년대 중반 일본제국주의 조선총독

부의 조선어 가사사용 금지에 따라 가수 활동을 접었습니다. 이후 이효석과의 2년여에 걸친 불꽃 같은 사랑(1940~1942), 노천명(본명 노기선)의 약혼자 김광진(보성전문 교수)과 결혼(1945)한 그는, 분단과 함께 평양에 남았다가 2003년 86세로 사망하였습니다.

1940년 우리나라 최초의 MC가 탄생했습니다. 1916년 인천 출생 전방일입니다. 그는 1940년, 평양에서 창단된 극단 인간좌의 막간무대에서 처음으로 사회를 진행했습니다. 악극단·유랑극단은 1920년대에 성행하였지만, 정식 MC는 이때가 처음이었습니다.

막간 무대라는 말이 처음 나온 것은 연극 초창기 때부터였습니다. 막간은 10~20분 정도에 불과한 짧은 시간인데, 노래와 춤·마술·만담을 주로 하였습니다. 당시 전

인천. 1916~?. 우측 전방일

방일은 24세, 깔끔한 외모에 당시 첨단 유행이라는 더블(두 줄 단추) 상의를 걸치고, 나비넥타이를 착용했답니다. 당시 그가 소개한 막간가수

는 이애리수와 강석연, 전방일은 그때를 계기로 막간무대의 전문사회자로 나서게 되었습니다.

1940년부터 일본제국주의 조선총독부는 기예증(技藝證) 제도를 도입하였습니다. 이를 통하여 모든 대중예술인들을 통제하였으며, 심지어 이 증을 보유한 대중예술인들을 징집까지 하였습니다. 또한 1926년 평양에 설립한 《평양기생학교》 졸업생들도 3년 과정을 마칠 때는 졸업시험인 배반(排盤)에 통과해야만 기예증(技藝證)을 받아 기생 활동을 할 수 있었습니다.

최초, 김해송의 KPK악단
최초의 앵콜가수, 직업가수 현인

1945년 10월 18일, 미군정사령관과 그 장병들을 환영하는 공연을 처음으로 열었습니다. 이때 공연단은 김해송이 단장을 하던 KPK악단입니다. 악단장 김해송의 김(K), 연출가 백은선의 백(P), 무대기획 김정환의 김(K) 이

니셜 조합입니다. 이 공연단의 창설일자는 분명하지 않는데, 그래서 이날을 창단일로 칩니다.

1947년을 기점으로 현인이 절창을 한 〈신라의 달밤〉은 우리 대중가요사에서 최초의 앙콜(재창) 곡입니다. 당시 시민회관(명동예술극장)에서 영화 〈자유만세〉(자유부인)를 상연하면서, 1+1(영화상영+가수 공연) 이벤트로 현인 선생을 초빙하여 영화상연 식전행사로 노래를 부르게 했던 것입니다. 관객 동원 전략이었습니다. 이때 현인은 음반으로 나오기 이전의 〈신라의 달밤〉을 9회나 연속으로 불렀습니다. 9회의 앙콜….

이후 현인 선생은 최초의 직업가수로 등록했답니다. 직업가수는 노래를 불러서 돈을 벌고, 세금을 내는 가수입니다. 일본제국주의 식민지 시절 최초의 직업가수는 채규엽으로 칩니다. 그 시절(1920년대 후반) 가수들은 대부분 막간가수였습니다. 악극단 공연의 1막과 2막 중간, 무대장치를 바꿀 때, 홑이불 천막 앞에서 관중들을 향해서 노래를 하던 가수이며, 그 대표 가수가 이애리수(이음전)

였습니다.

1950년 12월 23일, 6.25 전쟁 중 동부전선 1.4후퇴 작전의 시작인 흥남철수작전 당시, 최초로 한국(북한) 피난민이 미군함(전시 동원된 상선) 메러더스 빅토리아호를 탑승하고, 부산을 거쳐 거제도까지 2박3일간

1950.12.15, 흥남부두,
선장, 레너드 라루

의 피난 항행을 합니다. 이 상황을 모티브로 한 노래가 〈굳세어라 금순아〉입니다.

2천 명 정원에 1만4천 명이 탑승하였는데, 거제도에 내린 사람은 14,005명이었습니다. 항행 중에 5명의 신생아가 탄생했던 것입니다. 이 피난길을 '크리스마스의 기적'이라고 합니다. 12월 25일 날, 무사히 피난 항행을 마무리하였기 때문입니다. 여기 신생아 5명에게는 김치1~김치5라는 별명이 붙여졌는데, 5번이 이경필 선생입니다. 거제도에서 평화동물병원을 경영하신 분입니다.

최초의 음악감상실

1953년 우리나라 최초의 음악감상실 세시봉이 오픈되었습니다. 세시봉은 불어로 '아주 좋다, 아주 멋지다'라는 말로, 영어로 It's a good과 같습니다. 이는 명동 충무로 일대에서 운영되었던 음악 감상실로, 그 당시 청년 문화의 산실로 각광받던 곳입니다.

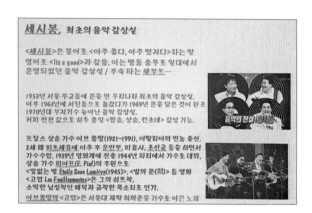

세시봉은 프랑스의 대표 가수 이브 몽땅의 노래 제목이기도 하며, 1953년 서울 무교동에 문을 연 후, 1963년에 서린동으로 옮겼다가 1969년 문을 닫은 것이 원조이며, 1970년대로 들어오면서 부지기수로 늘어난 음악감상실이 이를 본 딴 것입니다. 쉘부르, 청개구리집 등등.

최초의 고사가요

1955년 명국환의 절창 〈방랑시인 김삿갓〉은 우리 대중
가요 100년사에서 최초의 고사가(古史歌)입니다. 역사 속
의 인물을 유행가의 모티브로 불러낸 노래이지요.

여기 방랑 시인은 실제 인물 김병연(1807년 양주 출생~1863
년 화순 동복 객사)입니다. 그는 1811년 가을 평안도 서북지
방에서 발생한 '홍경래난' 당시, 평안도 서북지방 병마
절도사를 지낸, 김익순의 친손자입니다. 이때 김익순은
반란군에게 투항하였고, 가산 군수 정저
(鄭蓍 1768~1811)는 그의 아버지 정도와 반
란군에게 끝까지 저항하다가 순절하였
습니다.

이후 1826년 영월지방 백일장의 시제(試題)가 '찬정가산
충절사 탄김익순죄통우천'이었는데, 이 시험에서 김병연
이 장원을 하였습니다. 이날 김병연은 조상을 모독하는
답안지를 절절하게 작성하여 장원한, 스스로를 통탄하
면서 35년의 세월을 삿갓을 쓰고 전국을 유랑하면서, 1

천여 편의 기행시(奇行詩)를 남깁니다. 이 사연을 얽은 노래가 〈방랑시인 김삿갓〉입니다. 김병연은 백일장에서 장원을 하고, 집으로 돌아와서, 어머니로부터 집안의 내력을 듣게 됩니다.

최초의 걸그룹

 1956년에는 해방광복 후 최초의 걸그룹 김시스터즈가 미국으로 진출합니다. 김해송 이난영 부부의 두 딸(애자·민자)와 이난영의 친오빠 딸 숙자를 합친, 3자매(삼자매)가 이들의 원래 이름인데, 미국으로 가면서 김시스터즈라고 이름을 붙였습니다. 일제 식민지 시절 우리나라 최초의 걸그룹은 저고리시스터즈입니다. 이들은 1939년 조선악극단 일본순회공연에서 5~6인조로 공연했습니다. 이난영·장세정·박향림 등이 멤버였습니다. 엄마 이난영은 식민지 시대, 딸들은 대한민국의 최초 걸그룹이었습니다.

최초의 TV, 흑백에서 천연색으로
미8군무대라는 음악 시장

1956년 12월 1일, 우리나라 최초로 흑백 TV를 방영하였고, 컬러 TV는 1980년 12월 1일부터 방송되었습니다. 또한 1957년을 분기령으로 유성기 SP음반이 10인치 LP음반으로 발매됩니다. 이후 카세트테이프, CD, USB, 음원으로 이어집니다.

1957년(1955년경부터) 미군 제8군사령부가 동경(요코하마)에서 서울로 이전해 왔습니다. 본격적인 미8군무대의 장입니다. 제8군은 1944년 6월 창설, 9월 오키나와에 사령부를 두고 동남아지역 뉴기니와 레이테섬 등에 주둔하는 일본군을 격멸하는 임무를 수행하였습니다. 예하부대는 1군단과 9군단이 있었지만, 6.25전쟁 발발 3개월 전인 1950년 3월 28일 감축으로 군단이 해체되었습니다. 이후 홋카이도에 제7보병사단, 혼슈 중부에 제1기병사단, 혼슈 남부에 제25보병사단, 큐슈에 제24보병사단, 오키나와에 제29연대+제9방공포병단이 있었습니다.

해방광복 후 《연합군최고사령관 일반명령 제1호》에 따라, 미군 제24군단 예하 제 6·7·40사단 병력 17만여 명이 우리나라에 주둔합니다. 일본제국주의 식민지 시절, 우리나라를 압제했던 일본군 무장해제와 본국 축출을 위한 방편이었습니다.

이후 정부 수립 후 철수했던 미8군은 6.25전쟁에 다시 참전하게 되며, 1953년 7월 휴전 후, 용산기지는 전국에 산재한 미8군무대 본거지가 됩니다. 초창기 사령관은 웰턴 워커, 매슈 리지웨이, 제임스 밴 플리트 등이며, 이들이 6.25전쟁기를 전후한 지휘관들입니다.

1957년 주한 미군이 창설되자, 미8군은 주한육군근무구성사령부로 예속되었고, 유럽과 베트남 전쟁에 병사들이 파병되면서 점차 주둔 병력이 줄어듭니다. 1960년대에는 제1군단만이 제2보병사단과 제7보병사단을 예하에 두고 남아 있었으나, 1971년 제7보병사단이 제1군단과 함께 철수하였고, 오늘날은 제2보병사단만 잔류해 있습니다. 이후 2010년대 후반 8군사령부는 평택 캠프 험프리스로 이전하였습니다.

현시스터즈(현미, 현주, 김정애)

이 미8군무대는 1964년 8월 2일 통킹만 사건으로 시작된 월남전쟁을 기점으로 1기(전)와 2기(후기)로 구분지어야 합니다. 1기 시절 30여만 명의 미군 중 25만여 명이 월남으로 이전하였고, 5만여 명만 우리나라에 남았습니다. 패티김·현미·한명숙 등이 1기 주요 멤버이고, 조용필 등을 2기 멤버로 치면 됩니다. 이 무대는 우리나라 대중음악 뮤지션들의 오픈 시장이었고, 대중연예인으로 통하는 등용문 같은 역할을 했습니다. 당연히 이를 향한 기획사들도 성행하였고, 그 무대에 서기 위한 미군들의 오디션 심사는 연예인들이 통과해야 하는 1차 관문이었습니다.

대중가수 인기 산맥
대중가수 패티김, 국민가수 이미자
오디오가수 나훈아, 비디오가수 남진
홀로 빛나는 별, 조용필·심수봉

1962년 패티김은 우리나라 최초로 개인 리사이틀 공연을 하였고, 1971년 디너쇼도 시도했습니다. 이후 일본·동남아·미국 등 서구로 진출하며, 미국 카네기홀과 호주 오페라하우스 공연을 하는 등 원조 한류입니다. 패티김은 1978년 우리나라 대중가수 최초로 세종문화회관 대강당에서 〈패티김 리사이틀, 서울의 연가〉를 공연했으며, 1989년에는 한국인 가수로는 처음으로 미국 뉴욕 카네기홀에서 공연하였습니다. 우리 대중가요 100년사의 살아 있는 전설의 디바, 패티김이 달고 다니는 최초 타이틀입니다. 그녀는 스스로 국민가수가 아니라 대중가수라고 칭합니다. 그녀가 칭하는 국민가수는 이미자입니다.

세종문화회관
공연 앨범

1964년 이미자는 〈동백아가씨〉를 세상에 내놓았습니다. 이 곡은 현미의 〈떠날 때는 말없이〉와 같은 날 같은 장소(충무로 스카라극장 옆 목욕탕집 2층)에서 녹음한 노래입니다. 이 노래는 한국대중가요 100년사에서 최초로 음반 100만 장을 판매한 곡조입니다.

이 노래는 프랑스 소설 『춘희(椿姬)』가 오페라 《라트라비

아타》로 천이되었다가, 우리나라에 도입되어 《소설·유행가》로 환생한 후, 영화 《동백아가씨》로 다시 환생한 것입니다. 이 노래는 월남파병장병 위문공연의 단골 노래였는데, 비둘기부대의 사단가라고 불렸습니다.

나훈아와 남진은 오디오 형과 비디오 형의 인기산맥입니다. 영호남의 상징으로 대칭되기도 하고, 그 시절 박정희, 김대중의 정치적인 대칭과도 맥을 같이 했습니다. 홀로 빛나는 별은 조용필입니다. 발라드, 팝, 트로트, 민요까지 망라하는 그는, 한국대중가요사에 가장 빛나는 별, 싱어송라이터입니다. 이에 버금가는 여가수 별은 심수봉입니다.

월남파병과 위문공연

1965년부터 1971년까지 월남파병장병 위문공연을 실시하였습니다. 최초의 위문공연단은 모윤숙 시인을 포함하여 인기가수 송춘희와 20여 명의 민속무용단과 연예인들이었습니다.

박정희 대통령은 파월장병 위문 공연 연예인들을 출국 하루 전날 청와대로 초청하여 격려하였습니다. 1965년 5월 31일. 이어서 1965년 6월 1일 파월장병위문단이 김포공항을 출발하였습니다. 이처럼 월남위문공연은 1965~1971년까지 83차례 1,160명이 파월되었고, 2,922회의 공연이 이루어졌습니다.

이때 파월된 연예인은 윤복희·이미자·패티김·한명숙·현미·박재란·권혜경·코미디언 서영춘·배삼룡·곽규석·영화배우 최은희·위키리 이한필·최숙자·문주란·정미조·조미미·송춘희 등등입니다.

10대가수 시대

1966년 MBC가 개국 5주년을 맞아 최초로 10명의 인기가수를 선정하는 청취자 투표를 했습니다. 여기서 최희준·남일해·유주용·이한필·정원·문주란·이금희·이미자·최양숙·현미가 뽑혔습니다. 그해 12월 2일 MBC는 서울시민회관에서 축하 무대를 마련했습니다. 우리나라 10대가수가요제의 시작입니다.

이날 방청객 투표를 통해 첫 가수왕
이 선정됐는데, 주인공은 〈하숙생〉의 주인공 최희준이었습니다. 최희준은 당시로는 거금인 10만 원의 상금과 상패를 받았습니다. 이날 상금으로 최희준은 자가용 승용차를 샀습니다. 우리나라 마이카 1호 가수가 된 것입니다.

문세광 사건과 조총련 모국방문

1975년 9월 13일부터 2주일 동안, 조총련 재일교포, 추석고향방문단 698명이 부산항 제1부두로 입항했습니다. 1945년 해방광복 후 귀국선을 타지 못하고 일본에 잔류한 교포 중, 만경봉호 등을 연계하여 북한과 소통하던 교포들입니다. 이들은 남한과 교류하던 민단과 대칭되던 단체입니다.

이들이 부산항에 들어올 당시, 울려 퍼진 노래가 조용필의 〈돌아와요 부산항에〉입니다. 이 곡은 원래 1969년 무렵부터 만들어져 1970년 김해일(본명 김성술)의 〈돌아와요 충무항에〉로 발표되었다가, 우여곡절을 거쳐 1976년 조용필의 음반으로 나온 유행가입니다. 1975년에 이미 대중들에게 알려지고, 이듬해 음반으로 나온 절창입니다.

조총련 추석공향방문단 모국(대한민국)방문 배경은, 1974년 제29주년 광복절 기념행사장이던, 남산 국립해오름극장에서 문세광이 박정희 대통령을 향하여 권총 저격을 하였다가, 육영수 여사께서 서거한 사건 1년 뒤의 일입니다.

문세광사건, 육영수 여사 서거

1974년 8월 15일 광복29주년 기념식에서 박정희 대통령이 문세광에게 저격당한 사건. 식순에 따라 박정희 대통령의 기념사를 낭독하던 순간(이날 상오 10시 23분) 식장에 잠입한 문세광이 갑자기 단상으로 접근, 박정희 대통령을 향하여 3발, 대통령 부인 육영수(陸英修)를 향하여 2발을 쏘았다. 박정희 대통령은 무사했으나 육영수는 저격당하여 이 날 수도육군병원에서 운명하였다. 문세광은 체포 당시 일본 여권을 소지하고 있었다. (이날ＴＶ 라디오 속에 권총을 숨겨…)

범인 문세광은 1972년 9월 5일부터 대한민국에서 공산혁명을 완수하기 위한 지도 교양을 받아 오던 중 1974년 3·1절 기념행사에 즈음하여 박정희 대통령을 암살하라는 지령을 받았다. 동시에 거사용 무기는 홍콩 앞 시장에서 구입하라는 지시와 함께 여비와 무기 구입비로 김호룡으로부터 1973년 11월 15일경 일화 50만 엔을 수령받았다. 제1차 거사시기로 높던 문세광은 1974년 5월 김호룡의 지령에 따라 오사카항에 정박 중이던 〈만경봉호〉에 승선, 북한 공작지도원으로부터 다음 거사시기를 그 해 1974년 8월 15일 광복절 기념행사장으로 하라는 제2차 공작지령을 받았다.

이때 대통령께서는 '미친개에게는 몽둥이가 약이다.'라고 하면서, 북진 공격 의중을 비쳤으나, 참모들의 대승적 결단 건의를 수용하여, 조총련에게 모국의 발전상을 보여주는 쪽으로 시행된 것입니다.

최초로 등장한 DJ라는 직업
최초의 다방, 카카듀

1970년대를 기점으로 DJ라는 직업이 등장했습니다. 여기서 D는 디스크(disk)의 약자, J는 쟈키(jockey)로 기수(騎手), 몰이꾼이라는 뜻입니다. 그러니 디제이는 음악으로 청취자를 이끌어가는 사람이라는 의미이지요. 우리 나라 다방 문화는 1960~1980년대 말까지가 전성기이고, 이때 음악다방이나 음악감상실이 인기를 끌었는데, 이곳에서 음악을 틀어주는 사람들을 디제이라고 불렀습니다.

라디오 음악프로그램에서 언변과 해당 음악에 대한 폭넓은 지식을 바탕으로 노래를 선곡하고 틀어주는 사람을 뜻하는 말로도 사용되었습니다. 그러나 1991년 노래

방 도입 후 음악다방 문화가 사라지면서 디제이라는 직업은 쇠락합니다. 우리나라 최초의 DJ는, 라디오 DJ 최동욱입니다.

오늘날 카페와 유사한 다방을 우리나라 사람이 처음 연 것은 1927년 봄, 영화감독 이경손(1905~1977. 개성 출생, 태국 사망)이 하와이에서 데려온 묘령(妙齡)의 여인과 종로구 관훈동에 개업한 카카듀였습니다. 카카듀라는 이름은 프랑스 혁명 당시 경찰의 감시를 피하여 사람들이 만나던 비밀 아지트 술집 이름입니다.

이경손은 우리나라 최초 영화감독으로 〈춘희〉·〈장한몽〉 등 영화를 제작하였고, 그가 직접 차를 끓이는 서비스를 하여 더욱 유명하였습니다. 그러나 경영도 미숙하고 손님도 많지 않아서 이경손은 수개월 만에 카카듀의 문을 닫고 중국 상해로 갔답니다. 영업성과 부진이 이유인데, 구들장 문화에 들여온 탁자 문화 정착기의 난상(亂像)이었으리라 생각됩니다. 카카듀 이전에는 인천지역 호텔과 손탁호텔 등의 내부에 다방과 유사한 형태의 업소가 있었답니다.

대학가요제, 강변가요제

1977년 9월 3일, 제1회 MBC 대학가요제가 열렸습니
다. 문화방송이 주최한 대학생 가요제이며, 여기에 참가
한 대학생들은 창작곡으로 노래 실력을 겨루고, 본선은
문화방송을 통해 생방송 혹은 릴레이 녹화방송으로 진
행되었습니다. 이는 매년 개최되었고, 2012년을 마지막
으로 폐지되었습니다.

이 대학가요제는 큰 인기를 누렸으
며, 대학가요제의 참가 또는 입상을
계기로 많은 가수들이 데뷔하였습니
다. 배철수·임백천·심수봉·노사연·
유열·신해철·015B·전람회(김동률)·이한철·김광민 등이
그들입니다. 이때 탄생한 대학가요제의 여신이 바로 심
수봉(제2회, 입상을 못 한 논타이틀 참가자. 〈그때 그 사람〉)입니다.

1979년에 시작한 강변가요제는 2001년까지 개최된 창
작가요제의 꽃 같은 프로젝트였습니다. 21세기 불어온
트로트 각종 경연대회, 조련된 앵무새들처럼 옛 노래를

110

리메이크로 부르고, 다음 날 음원을 발매하여 상업적인 인기몰이를 하는 기획연출 프로그램과는 결과 향이 다른 경연대회였습니다. 매년 7월과 8월 사이에 문화방송 주체로 청평유원지·남이섬·춘천시 등에서 개최된 대학생 중심의 가요경연대회는 22년간이나 지속되었습니다.

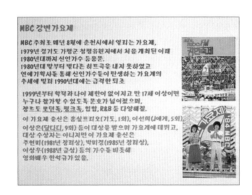

이는 1980년대까지 신인가수들의 중요한 등용문으로, 1999년부터는 학력 제한을 폐지하고, 17세 이상이면 누구든지 참가할 수 있었습니다. 처음에는 강변축제였다가 강변가요제로 바뀌었습니다.

홍삼트리오의 〈기도〉, 사랑의하모니의 〈별이여 사랑이여〉, 천국의이방인의 〈태양의 예언〉, 4막5장의 〈J에게〉,

마음과마음의 〈그대 먼 곳에〉, 유미리의 〈젊음의 노트〉, 이상은의 〈담다디〉, 장윤정의 〈내 안에 넌〉 등이 이 경연에서 대상을 수상한 곡들이지요.

역대 MC는 박원웅, 이택림·임예진, 차인태·홍광은, 이문세·길은정, 이수만·이수정, 손창민·왕수현, 손석희·노사연, 주병진·박소현, 신동호·김국진·김현주, 이휘재, 류시원·황인영 등이었습니다.

KBS전국노래자랑
PD 130여 명, MC 9명 — 최장수 송해

1980년 11월 9일 KBS 전국노래자랑의 막이 올랐습니다. 매주 일요일 낮 12시 10분에 KBS 1TV로 방영되는 국민노래자랑 프로그램입니다. 처음 KBS배쟁탈전국노래자랑으로 1972년 4월 3일부터 1977년 4월 2일까지 방송하였으며, 중단된 지 3년 7개월만인 1980년 11월 9일 KBS 전국노래자랑으로 방송을 재개한 후 현재에 이르고 있습니다.

이 방송은 40여 년간 PD는 130
여 명이 바뀌었으나, MC는 9명(이

한필 · 이상용 · 고광수 · 최선규 · 송해 · 김선
동 · 송해 · 이호섭/임수민 · 김신영)으로 이
어지고 있습니다.

송해(송복희) 선생님이 그립습니다.
선생님께서 몇 해의 가을을 더 맞이
했다면, 활초가 〈종로트롯가요제〉
운영위원장을 맡았을 텐데… 선생
님은 그 약속을 남겨두시고…

〈낙원동, 종로트롯가요제〉

남북이산가족찾기 생방송

1983년에는 《남북 이산가족 찾기, 아직도 이런 슬픔이》
생방송을 한 해입니다. 이는 KBS에서 최초 2시간을 계

획했었지만, 138일 453
시간 45분이라는 생방송
기네스 기록을 세운 사건
이었습니다. 여기에 처음

배경음악으로 불린 노래는 곽순옥의 〈누가 이 사람을 모르시나요〉였고, 6월 30일 저녁부터 7월 1일 새벽 시간을 거치면서 만들어진 노래가 설운도의 〈잃어버린 30년〉입니다.

이 노래는 세계 대중가요 역사상 가장 짧은 기간에 가장 많이 불린 노래로 기네스북에 등재되었고, 밤무대를 전전하던 무명가수 설운도(본명 이영춘)를 인기 반열에 세웁니다. 이 곡의 잃어버린 30년은, 6.25 전쟁이 휴전된 1953년부터 1983년까지의 세월입니다.

KBS 가요무대
금지곡 해금

1985년 11월 4일부터 진행한 KBS 가요무대는 현재까지 방송되고 있는 대표적인 대중가요 장수프로그램입니다. 이는 흘러간 옛 노래를 중심으로 민

족의 감성을 충전하고 위무하는 통속적인 장르 이행을 통한 대중성을 목표로 합니다.

이 방송은 김동건 아나운서의 진행으로 첫 방송을 시작했고, 2003년 6월 진행자가 전인석 아나운서로 교체되어 7년 동안 진행해 왔는데, 2010년 KBS 봄 개편으로 인해 진행자가 다시 김동건 아나운서로 바뀌어 오늘에 이릅니다.

1987년 8월 17일을 분기령으로 금지곡들이 해금되었습니다. 이 덕분에 1975년 긴급조치 9호로 촉발된 대중가요 금지곡들이 빛을 보게 되었습니다.

우리나라 금지곡 역사는 1933년 《축음기(레코드)음반취체규칙》으로부터 시작되었습니다. 이후 1956년 공보처 주도의 건전가요 보급 운동을 거쳐, 1965년 한국방송윤리

위원회, 1966년 한국예술문화윤리위원회, 1976년 예술위원회 후신인 한국공연윤리위원회가 탄생했습니다.

1995.11.21. 중앙일보

1975년 긴급조치 9호 직후에만 220여 곡이 금지곡으로 묶였었는데, 이러한 규제는 1996년 7월 공연윤리위원회의 음반사전심의제도 폐지로 역사 속으로 사라졌습니다. 정태춘의 노력 결실이었습니다.

MBC 주부가요 열창
세종문화회관 유행가 공연

1988년 5월부터 매주 수요일 저녁 7시 10분에 MBC 주부가요열창이 진행되었으며, 1993년 프로그램 개편으로 종료되었습니다. 이 주부가요열창 무대를 통하여 인기 역주행의 모멘텀을 잡은 노래가 윤희상·주병선의 〈칠갑산〉입니다. 재즈 가수 출신 진주의 어머니 유정금 선생이 이 무대에서 3주 연속 우승을 하면서 부른 노래가 〈칠갑산〉입니다.

1989년 이미자는 세종문화회관에서 데뷔 30주년 기념 공연을 펼쳤습니다. 당시 이곳에서 대중가수의 공연을

허용하지 않았었지만, 이미자 선생이 당시 서울시장이
던 고건(1938~. 서울 출생. 제30대 국무총리)을 직접 찾아가서 담
판하였고, 공연 당시 4개 정당 총재인 박준규·김대중·
김영삼·김종필 등이 나란히 참석하여 화제가 되기도 하
였습니다.

유행가로 환생한 장녹수
흥청망청의 근원~

1990년대 전통가요부활정책으로 최초로 불려 나온 역
사 속 인물은, 전미경의 절창 주인공 〈장녹수〉였습니다.
그녀(장녹수)는 1956년 방랑시인 김병연 이후 두 번째 주
인공입니다.

장녹수는 조선 10대 왕 연산군(1495~1506)의 후궁이었습
니다. 그녀의 아버지 장한필은 문과급제 후, 청원군 문
의 현령을 지냈고, 어머니는 천인이었습니다. 당시 모
계첩실(母系妾室)은 천민이 되는 관례에 따라 녹수는 성종
의 종제 제안대군의 노비로 살면서 제안대군의 가노와

혼인하여 아들을 하나 낳았고, 생활고로 몸을 파는 일도
했었습니다.

하지만 그녀는 천부적인 요부(妖婦)였으며, 이 사실을 안
연산군이 입궐시켜 숙원(淑媛, 종4품)에 봉하고, 1503년에
숙용(淑容, 종3품)으로 승진시킵니다. 장녹수는 연산군보다
10살 위였으나 30세에도 16세처럼 아름다웠답니다.

연산군 어릴 적 아명(兒名)이 백돌이였는데, 장녹수는 연
산군을 전하(殿下)라고 부르지 않고, 백돌아~라고 부르며
치마폭에 싸고 놀았습니다. 이 같은 총애를 통하여 그녀
의 오빠 장복수와 그의 아들을 양반 신분으로 올리지만,
권력을 함부로 휘둘러 백성들의 원성이 하늘을 찔렀습
니다.

1506년 9월 2일 중종반정(연산군 폐위, 친동생 진성대군 즉위) 때
그녀는 완전히 무너졌습니다. 반정이 성공하고 연산군
이 폐위된 뒤, 그녀는 반정군들에게 잡혀가서 군기시(방
위사업청) 앞에서 참형되었고, 수많은 백성들이 그녀의 시
신에 돌을 던지며 욕설을 퍼부어 시신은 돌무덤이 되었

답니다. 장녹수는 흥청망청의 근원이었습니다. 그 시절 흥청은, 연산군이 채홍사를 통하여 전국에서 모집한 후 궁 3천여 명을 관리하는 관청이었습니다.

장녹수의 인생은 부귀도 영화도 구름인 양 간 곳 없는 종말이었 습니다. 이 종말을 그녀가 죽은 지 489년이 지난 1995년 박성훈 작사 임택수 작곡으로 대중가요로 탄생했습니다. 전통 가요부활정책의 바람결에 매달린 곡조인데, 이는 공자 가 설파했던 '노래는 세상과 통한다.'는 난세분(亂世憤)의 노래와 연계됩니다.

번호만 누르면 노래가 나오는 요물, 노래방 기계

1991년 우리나라 최초로 노래방 기계가 도입됩니다. 그 해 4월 부산 동아대 앞, 로얄전자오락실의 100원짜리 동전을 넣고 노래 1곡을 부르는 코인노래방이 시초이며, 그해 여름 사업자등록을 한 광안리해수욕장《하와이 비치 노래방》이 우리나라 노래방의 첫 단추입니다. 그 후 마산·창원·대구를 거쳐 그 해 말 서울로 진입하며, 전국에 1만2천여 개가 오픈됩니다. 2023년 우리나라 노래방은 몇 개나 될까요.

이때 가장 뜬 노래가 바로 김태희의 〈소양강처녀〉입니다. 노래방의 인기 1위곡이 된 이유는 부르기 쉽고, 박자 맞추기 쉽고, 가사 외우기 쉬운 것이 이유입니다. 김태희는 이때까지 20년 넘게 평범한 아줌마로 지내다가 다시 김태희 회상앨범으로 제2의 가수인생을 시작했습니다. 소양강 처녀가 소양강아줌마가 되어서 돌아온 것이었습니다.

〈소양강 처녀〉 노래의 실제 주인공은 춘천출생 윤기순입니다. 노래 발표 당시, 18세였으며, 2023년 현재 지암천 풍전가든 주인입니다. 이후 2008년 진성의 목청을 넘어온 〈안동역에서〉가 2019년 코로나19 시대의 문턱까지 노래방 1위 곡이었습니다.

황진이 내 사랑,
임제·임백호의 멍든 가슴팍

2007년 또 역사 속의 황진이가 유행가 〈황진이〉로 환생을 하였습니다. 박상철의 목청을 넘어 세상에 나온 황진이는 개성(송악)에서 출생한 여인으로 이름이 진, 또는 진랑이었고, 기생 이름은 명월이었습니다. 그녀의 생몰연대는 정확하지 않으나, 중종반정이 일어난 1506년 ~1567년으로 추정합니다.

역사 속 인물 가운데 소설이나 영화로 가장 많이 엮인 주인공이 황진이입니다. 그녀는 황 진사의 첩실 서녀였으며, 어머니는 진현금이라는 맹인 기생이었습니다. 그녀는 15세에 기생이 되는데, 이는 이웃집 총각이 황진이를 연모하다가 상사병으로 죽자, 이에 기녀의 길로 들어섰답니다.

황진이는 서경덕(1489~1546)을 사모하여 그를 찾아갔다가 그의 높은 식견과 인품에 감탄하여 제자가 되었으며, 벽계수(1508~? 세종 임금의 서자 영해군 손자, 이종숙)를 후리기 위하여 시조를 지어 읊조렸습니다.

'청산리 벽계수야 수이감을 자랑마라/ 일도창해하면 다시 오기 어려우니/ 명월이 만공산할제 쉬어간들 어떠리.' 말을 타고 지나가던 벽계수는 이 시조에 귀를 기울이며 뒤를 돌아보다가 말에서 떨어졌습니다.

이때 황진이는 '명사가 아니라 풍류랑이구먼'이라고 하며 휙 돌아 가버립니다. 벽계수는 중종 3년 1508년에 태어나 35세에 관찰사를 지냈습니다.

또한 황진이는 당시 생불(生佛)이라고 불리던 지족선사(개성 근처, 천마산 지족암 승려)의 면벽수도를 파계하게 하였습니다. 소세양(1486~1562)이라는 사람이 황진이와 30일간의 사랑을 청하여 이를 수락하고, 30일 후 헤어질 때 송별소양곡(送別蘇陽谷)을 지어주었습니다.

'蕭寥月夜思何事(소요월야사하사), 달 밝은 밤이면 그대는 무슨 생각을 하시나요, 寢宵轉輾夢似樣(침소전전몽사양), 잠이 들면 그대는 무슨 꿈을 꾸시나요.' 이 시는 이선희가 부른 〈알고 싶어요〉 노래의 모티브라는 풍설이 바람결에 흘러다닙니다.

당시 황진이는 명창 이사종과는 그의 집에서 3년, 자기 집에서 3년을 합하여 6년을 살다가 헤어집니다. 황진이가 이사종에게 반한 것은, 27세의 이사종이 중국으로 가면서 송도 냇가에 누워서 읊은 시 한 편 때문이었답니다.

그녀의 최후는 분명치 않으나, 스스로 '자기 때문에 천하의 남정네들이 자정하지 못하였으니, 자기가 죽거든 관을 쓰지 말고 동문 밖 개울가에 시체를 두어, 여인들의 경계를 삼도록 하라'고 유언을 하였답니다. 하지만 황진이의 묘소는 송악산 기슭에 있답니다.

한평생 이 황진이를 흠모하다가 그녀 사후에 무덤을 찾아간 호걸이 바로 임제, 임백호입니다. 그는 조선 명종 4년부터 선조 20년까지(1549~1587) 38세의 짧은 생을 살다가 간 인물입니다. 그는 평생을 황진이를 사모하며 평양감사·서도병마사가 되기 위하여 노력합니다.

마침내 그는 서도병마사 임명을 받고 황진이가 있는 개성으로 향하지만, 중간에 이미 그녀가 죽었음을 전해 듣습니다. 이에 부임 길을 돌려 황진이 무덤이 있는 송악산 기슭으로 가서 '청초 우거진 골이 자난다 누웠난다/ 홍안은 어디 두고 백골만 묻혔나니/ 잔 잡아 권할 이 없으니/ 그를 설워하노라.' 시조를 읊었습니다. 이 일로 임백호는 파직됩니다. 파직 후 그가 평민복을 입고 찾아간 기생이 평양의 한우(寒雨)입니다.

임백호가 황진이 대신 지목한 기생 한우와 주고받은 시도 절절합니다. '북창이 맑다하여 우장없이 나섰더니/ 산에는 눈이 오고 들에는 비가 오네/ 오늘은 눈비 맞았으니 얼어 잘까 하노라.' 이 시에 답을 한 한우의 시는, '어이 얼어 자리 무슨 말 얼어 자리/ 비단침 원앙침을 여기 두고 얼어 자리/ 오늘은 찬비 맞았으니 녹아잘까 하노라.'입니다.

망치를 든 철학자 니체의 환생
아모르파티

2013년에는 철학자가 유행가의 모멘텀이 되어 **최초로** 노랫말에 걸립니다. 드디어 올 것이 왔습니다. 김연자의 목청을 넘어 세상에 나온 〈아모르 파티〉(Amor Fati)입니다. 유행가가 철학을 품는 시대가 열렸습니다. 아모르 파티는 운명애(運命愛)라는 니체의 철학입니다. 필연적인 운명을 긍정하고, 이것을 감수할 뿐만 아니라, 오히려 이것을 사랑하는 것이 인간의 위대함을 보여주는 것이라고 생각하는 사상입니다.

아모르 파티(Amor Fati)는 니체(1844~1900)의 『짜라투스트라는 이렇게 말했다』 등에서 언급하였습니다. 독일어로 자라투스트라(Zarathustra), 영어로는 조로아스터(Zoroaster)입니다. 그는 기원전 이란의 북부지방에서 태어난 것으로 추정하는 예언자입니다.

그의 이름을 딴 종교가 조로아스터교(배화교, 拜火敎)입니다.

니체는 기원전 철학자인 이 짜라투스트라의 입을 빌려서 자기 자신의 철학을 말했습니다. 아모르 파티라고~.

공자는 지천명(知天命)·외천명(畏天命)·순천명(順天命)을 설파했습니다. 나이 쉰에 하늘의 명령을 알았다고 한 데서 연유한 말입니다. 오십이지천명(五十而知天命)에서 딴 것이지요. 다음은 천명을 두려워하고, 하늘의 명에 순응하라는 의미입니다.

사람은 운명(運命)과 숙명(宿命)을 구분 지으려 하지만, 신(神)은 한 사람의 운명과 숙명을 한쪽 손바닥 위에 올려놓고 있습니다. 짜라투스트라·공자·니체는 왜 같은 말을 했을까요. 인생은 아모르 파티(Amor Fati)라고.

유행가락에 걸린 100세 시대

2015년 드디어 100세 시대 노래가 절창됩니다. 이애란의 〈100세 인생〉입니다. 이 노래는 인간의 수명에 대한 기대 욕망을 모티브로 한 유행가입니다. 2017년 통계청

발표에 의하면 우리나라 평균수명은, 여성은 85.7세, 남성은 79.7세였습니다.

이 노래는 100세 시대라는 말이 나오기 훨씬 전인 1995년에 세상에 나온 곡입니다. 이것이 20년이라는 세월의 터널을 인기 없는 노래로 연명해오다가, 2015년에 대중들의 가슴속을 후벼 팠습니다. 이 노래는 무명으로 풀죽어 있던 가수 이애란에게 귀생(歸生)의 날개를 달아주었습니다.

이애란은 1963년 홍천에서 출생하여 트로트 가수의 길을 25년 동안 가시덤불을 헤치듯 걸어 온 의지의 여인입니다. 이 곡은 그녀가 1995년에 불렀던 노래, 〈저세상이 부르면 이렇게 답하리〉를 개사한 노래입니다.

이 노래의 끄트머리 가사, '~라고 전해라'가 2013년 4월 명품가요 쇼에서 짤방(짤막한 방송)에 나온 이후 화제가 되어 유행을 타기 시작하다가, 2015년 말경에 인기 상승의 티핑포인터를 찍은 것입니다. 28세에 들어선 가수 인생길이 53세에 정상의 인기 고개에 올라선 것이었습니다. 가수 인생 새옹지마(塞翁之馬)입니다.

이 노래는 전통가요도 아니고, 국악도 아닌 퓨전가요라 할 수 있습니다. 이 노래는 2016년 1월 21일, 북한의 핵실험을 계기로 다시 시작한 대북확성기방송의 레퍼토리에 포함되어, 대북확성기를 통하여 휴전선 155마일 248킬로미터의 저편으로 울려 퍼졌습니다. 북한에도 '100세 시대, 100세 인생'이라는 말이 유행될까. 궁금합니다.

〈100세 인생〉은 가수 이애란의 4촌 오라버니뻘인 김종완이, 1995년 직장동료 부친상 문상을 갔다가, 더 오래 살 수는 없을까?라는 의문 끝에 이 노랫말을 쓰게 되었답니다. 김종완의 아버지는 육군 대령이었습니다.

트로트 열풍 한국유행가의 퇴조,
그래도 노래는 풍성하게 불러라~

2019년 TV 조선에서 《내일은 미스트롯》 탤런트 쇼를 펼치면서 대한민국은 트로트 열풍에 흔들립니다. 일본제국주의 식민지 시절 현해탄을 건어온 엔카(演歌)풍에서, 1960년대 뽕짝(트로트), 1990년대 전통가요 부활의 강 물결을 타고 흐르던 유행가의 꺼져가던 불길에 휘발유를 뿌린 것이지요.

경연 결과 최종 TOP 5는 송가인·정미애·정다경·김나희·홍자였으며, 진(眞)은 송가인(조은심), 선(善)은 정미애, 미(美)는 홍자(박지민)였습니다. 이 경연 과정에서 홍자에게 패하여, 패자부활전을 통하여 생환한 송가인이 1등을 하고, 홍자가 5위를 한 풍월송엽(風月松葉) 같은 에피소드입니다. 달빛이 바람결에 흩날리며 솔 이파리를 스쳐 지나간다는 말입니다.

뒤이어진 내일은 미스트롯2는 2020.12.17~2021. 3.4 까지 진행되었으며, 이 경연 결과 우승자는 아버지에게 자신의 장기를 이식해 준 효녀 스토리의 주인공, 제주댁 양지은입니다. 차점자는 홍지윤이었으며, TOP 7은 양지은·홍지윤·김다현·김태연·김의영·별사랑·은가은이었습니다.

이 미스트롯 경연 본선 진출한 가수들이 펼친 100곡을 선정하여, 《유행가와 역사 앙상블》 스토리텔링으로 편집하여 발간한 책이 필자의 『곡예사의 첫사랑』(2020. 도서출판 행복에너지)입니다.

2020년 1월부터는 《미스터트롯》 경연을 실시하였습니다. 《내일은 미스트롯》에 뒤이은 텔레비전 텔런트 쇼였습니다. 방송 기간은 2020.1.2~3.14까지였으며, 이때 TOP 7은 임영웅·영탁·이찬원·김호중·정동원·장민호·김희재였습니다.

뒤이은 《미스터트롯2》는 2022.12~2023.3까지 진행되었습니다. 매주 목요일 밤 10시부터 2시간 40분, 13부작이었습니다. 이 경연 결과 TOP 7은 안성훈·박지현·나상도·진해성·최수호·박성온·진욱입니다.

이 미스터트롯 경연에서 본선에 진출한 100곡을 《유행가와 역사 앙상블》 스토리텔링으로 발간한 책이 필자의 『트로트 열풍』(2020. 도서출판 행복에너지)입니다.

이 책들을 펼쳐 읽으면 우리나라 근현대사 100년 역사의 마디와 속살에 매달린 삶의 결과 향기와 한숨이 노랫말과 얽히어 자랑자랑 들립니다. 사광지총(師曠之聰)처럼.

이는 사광의 귀가 밝고 예민하여 미묘한 소리까지도 잘 분별한다는 의미입니다. '사광'은 중국 춘추시대 진(晉)나라의 악사입니다. 그는 앞을 볼 수 없었지만, 음조(音調)를 듣고 잘 판단했다는 설화에서 유래한 말입니다.

소크라테스로 환생한 나훈아의 아버지

2020년 나훈아는 아버지 산소에서 소크라테스를 형님으로 호출했습니다. 〈테스형!〉입니다. '너 자신을 알라'던 소크라테스 형님. 나훈아, 본명 최홍기. 그는 우리 대중가요사의 살아 있는 전설, 명불허전의 가요 황제, 꿈을 파는 대중가요와 유행가 장사꾼입니다.

그는 1947년 부산 초량동에서 무역상을 하던 아버지와 어머니 사이에 둘째로 태어났습니다. 그는 1965년 대학생이던 형을 따라 서울로 와서 서라벌예고에 입학하였으며, 1966년 오아시스레코드에서 〈천리길〉을 불러 가요계에 데뷔하였습니다.

그는 1972년 임종수가 작사 작곡한 〈고향역〉(원곡 이름, 차창에 어린 모습)으로 민족의 대이동, 명절 귀향길마다 노스텔지어(nostalgia) 감성 불길에 휘발유를 뿌립니다. 이후 이어진 히트곡이 〈인생길 나그네 길〉입니다.

2020년 그는 15여 년 만에 팬들 앞으로 귀가(歸歌)·귀장(歸場)했습니다. 가요계와 유행가 시장에 새노래(新曲)를 들고나온 것입니다. 2020년 '대한민국 어게인 나훈아'입니다. 그가 들고나온 노래는 〈테스형!〉, 소크라테스(BC 551~479)를 불러낸 것이었습니다.

아~ 테스형! 세상은 왜 이래, 왜 이렇게 힘들어. 이 곡은 아버지 산소에서의 아버지와의 대화입니다. 테스를 아버지로 불러낸 것이지요. 나훈아는 아버지께 절을 올린 후 5분 정도만에 이 노래를 구상했답니다. 천재 예술가는 순간에서 영원을 포착합니다.

트롯전국체전의 일풍절창가(壹楓絕唱歌),
신미래의 〈오빠는 풍각쟁이〉

2020년 12월 5일부터는 KBS 2TV에서 트롯전국체전 경연이 있었습니다. 2021년 2월 20일까지 이어졌습니다. 강원지역 대표는 박예슬·공훈·신미래·이소나·황홍비·알파벳, 경기지역 대표는 허공·고라니·박현호·장현욱·유수현·서건후, 경상지역 대표는 진해성·김용빈·김성범·오유진·공미란·손세운이었습니다.

글로벌 대표선수는 미카차발라&갓스파워·완이화·이시현·김윤길·재하·권민정, 서울지역 대표는 마이진·한강·최은찬·차수빈·임창민·설하윤입니다. 전라지역 반

가희·진이랑·김희·정우연·정다한·신승태, 제주지역 대표는 최향·공서율·강승연·고강민·정주형·주미성, 충청지역 대표는 윤서령·이송연·민수현·김산하·이상호&이상민·염동언이었습니다.

이 경연에서 일풍절창가(壹楓絶唱歌)는 신미래가 부른, 박향림의 〈오빠는 풍각쟁이〉였습니다. 이 유행가는 1938년 콜럼비아레코드 음반으로 발매된 만요(漫謠)입니다. 원제목은 〈옵빠는 풍각쟁이〉로 표기되어 있어, 옛노래를 세찰하면 우리나라 문자표기의 변화도 볼 수 있습니다.

이 노래는 2004년 강제규 감독의 영화 〈태극기 휘날리며〉 OST곡으로 되살아났습니다. 영화의 모티브는 6.25 전쟁 중 전사·실종된 참전용사 유해발굴현장, 낙동강 전선 다부동지역 전적지에서 출토된, 삼각자에 새겨진 이름(최승갑 일병)의 주인공을 찾는 과정에서 착안한 것이었습니다. 노래가 처음 불린 후 66년 만의 환생이었습니다.

장동건과 원빈이 6.25 전쟁 중 형제로 출연하여 1,174만 명의 관객을 동원했습니다. 당시 관객 중 66세 이하

는 〈오빠는 풍각쟁이〉보다 젊은 이들이니, 관객 중에 영화를 관람하면서, 이 노래의 곡절(曲折)을 음유한 이들은 몇 %나 될까요.

이러한 경연은 아누달지(阿耨達池)의 장입니다. 아누달지는 인도의 설산인 히말라야 북쪽에 있는 연못의 전설입니다. 아누달 용왕이 이 연못에 살면서, 얼음을 녹인 찬물을 흘러내려 주변을 비옥하게 한다는 의미입니다.

역사의 마디 반추와 노래 사연이 합을 이루며, 애향의 정서를 살찌우는 스토리텔링은,《유행가와 역사 앙상블》의 진수, 저수지입니다.

영웅의 도중하차,
눈 흘김을 받은 경연 바람

2022년 12월부터 MBN에서는《불타는트롯맨》경연을 펼쳤습니다. 황영웅의 도중하차 그림자가 어른거리는 우승컵을 들어 올린, 손태진의 모습도 엉거주춤하였고, 엔딩 기자회견장에 TOP 7만 등장한 외경스럽던 모습도, 철 지나도 마르지 않는 된서리이거나, 그 서리를 맞고 말라버린 호박잎처럼 남아 있습니다. 그 빛나는 듯했던 기획·연출가들은 어디에….

손태진처럼 성악을 전공하고 대중가요 가수가 된 경우의 가수들을 크로스오버 뮤지션(crossover musician)이라고 합니다. 국악·오페라·뮤지컬 등을 전공하고 대중가수의 길로 들어선 이들을 말합니다. 이의 우리나라 원조는 〈사의 찬미〉 주인공 윤심덕입니다. 평양기생학교를 이수한 평양기생 왕수복도 이에 해당됩니다. 〈위듸부싱〉, 〈고도의 정한〉이 그의 노래입니다.

해방광복 후 직업가수 제1호로 등록한 현인(현동주)도 성악을 전공한 크로스 오버, 김호중·송가인·양지은·김다현·김태연 등이 모두 여기에 해당됩니다. 그들은 왜, 전공의 길을 버리고 통속의 길로 전향을 하였을까요.

크로스오버 가수, 손태진

이런 경연 기획(제작)진의 의도에 대한 궁금증은 아직도 풀리지 않았습니다. 기성 가수와 아마추어 가수의 한계는 어디인가요? 기발한 끼를 가진 아마추어의 발굴이 목표가 아니라면, 이러한 경연은 다분히 시청률과 광고 수주를 연계한 산술적인 계상(計上)을 우선한 상술(商術)로, 대중문화예술 상품을 구매하는 고객 대중들을 기망(欺妄)하거나 감성으로 호도하는, 가요우민(歌謠愚民)과 관련한 무한 책임에 대한 예민한 질문이 역사의 강 물결에 줄을 지어 펼쳐질 것입니다.

아방나찰(阿房羅刹·阿防羅刹·阿傍羅刹)이란 말을 새겨야 합니다. 소머리에는 사람의 손을 가지고 있고, 발에는 소 발굽을 달고 있어, 산을 뽑아 들 만한 힘이 있고, 이에 강철로 만든 긴 창을 들고 있다는 말입니다. 트로트(유행가) 열풍 바람을 일으키던 이들이 되새김해야 할 풍설(風說)입니다. 프로그램 시청률이 높거나, 대중들의 인기도가 높다고 하여, 그것이 세상을 밝혀주는 등불이 되는 것은 아닙니다. 오히려 등잔 아래를 어둡게 할 수도….

아방나찰처럼 대중들의 감성적인 감흥은 소머리에 걸린

손과 같고, 발굽과 같으며, 긴 창과도 같습니다. 대중가요 유행가가 대중들의 영혼을 우둔하게 멍(病)들게 할 수 있음을 각성해야 합니다. 머리로 느끼는 재미와 가슴으로 느끼는 흥에 더하여, 영혼을 힐링하고 살찌울 의미를 더하는 프로그램을 기획 연출할 날을 촉구하며, 고대해야 합니다.

세상과 통하는 유행가,
영탈이출(穎脫而出)의 신유행가는 언제오려나~

노래는 세상과 통하는 통로입니다. 치세락(治世樂) 난세분(亂世憤) 망국탄(亡國嘆)입니다. 21세기 대한민국은 내로남불, 아유구용(阿諛苟容, 남에게 잘 보이려고 구차하게 아부함)의 세상입니다. 작은 '끼리(족당 · 족벌 같은)'들의 영혼이 없거나, 영혼에 멍이 들었거나, 눈동자가 희멀건 이들의 목소리가 세상을 어질거리게 합니다.

이런 세상에 영탈이출(穎脫而出, 송곳이 주머니를 뚫고 나온다는 말)의 기풍으로, 저 구차한 풍광(알랑거리는 사람들의 행태)을 은

유할 유행가를 들고나올 제조업자는 언제 올까요.

박재홍이 절창한 〈물방아 도는 내력〉, 〈유정천리〉와 같은 시대를 풍자하는 감성을 불러일으킬 노래~. 이런 작가는, 이런 작품은 100년 역사의 강을 흘러가는 돛배가 될텐데…. 혼탁한 이 세상(2023~)을 풍자·해학·익살·은유·직유할 노래….

유튜브. 유차영의 유행가(트로트) 스토리 / 유차영 TV

유행가는, 지나간 역사와 세월을 반추할 수도 있고, 오늘 살아가는 현재를 풍자·해학·익살할 수도 있습니다. 또한 다가올 미래를 예단하거나 상상하여 묘사할 수도 있습니다. 무지개를 타고 올 하늘의 황금마차처럼.

7. 강연은 경험을 펼치는 공유의 장입니다.
온몸으로 살아낸, 체험 응어리를 녹여내야~

강연(講演)과 강의(講義)를 구분합니다. 전자는 스피치(speech)와 렉쳐(lecture)로, 후자는 클래스(class)와 코스(course)로 개념설정 해야 합니다. give(deliver) a lecture(speech), process of class(course)로 하면 어떨까요?

저는 공공기관·기업·단체·대학 등 여러 곳에 《유행가와 역사 앙상블》 강연을 합니다. TV 출연은 한국농업방송의 《그 시절 그 노래》, MG TV 《백가사전, 百歌史傳》 등이며, 국방 FM 라디오 생방송 《휴전 70주년 평화를 부르는 노래》를 1년여 진행하였습니다.

김성환, 활초

신문 칼럼은 한국경제신문에 《유차영의 유행가 시대의 하모니》, 중소기업신문에 《유차영의 노래하는 CEO》, 농민신문에 《유차영의 그 시절 그 노래》, 국방일보에 《유

차영의 대중가요로 보는 6.25 전쟁, 70주년 기획특집》,
코스미안뉴스에 《유차영의 대중가요로 보는 근현대사》,
월간 색소폰에 《유차영의 Song Story》를 10여 년간 연
재하고 있습니다.

강연은 서울대 ASP(세계경제최고전략과정)에 《유행가와 역사
앙상블》을 2007년부터 2018년까지 초빙강사로 강연하
였습니다.

같은 제목으로 동서울대, 인천재능대, 일성여중고에서
실시하였으며, 기업은 한국콜마·연우·정우·농업회사법
인1893·CJ헬스케어, 지방자치단체는 서울시·서산시·
남양주시, 연수원은 MG인재개발연구원, 언론사는 중앙

일성중고, 독후감발표제, 2022.12.9(평균연령 79세 여학교)

일보 J포럼, 준공기업 농협중앙회 등에서 강연 및 재능 기부를 하고 있습니다.

이런 강연은 강사 개인의 삶의 신념과 원칙을 바탕으로 살아낸, 체질화된 경험을 강설(講說)하고, 청중들과 공감(共感)·공명(共鳴)하는 장(場)을 펼쳐야 합니다.

학과를 진행하는 강사(교수·교사)는 학년이나 학기, 혹은 교수 시간과 관련한 강의 진행을 하면서, 특정 교재나 분야를 편설(編說)한 논리를 이해시키는 것이 본연인데, 이때 강사는 자신의 삶의 이력보다는 강론에 중심을 둡니다. 이러한 강의는 영혼이 소통되지 않는 지식 전달에 불과한 것입니다.

따라서 강의와는 차별되는 강연을 하는 연사는, 스스로 살아내지 않거나 경험으로 체득하지 않은 좋은 콘텐츠를 인용하는 것은 금물(禁物)입니다. 이러한 방식의 명연설은, 청중들의 공감 온도계를 뜨겁게 하는 것이 아니라, 반대로 싸늘하게 식힙니다.

강사의 목소리 톤이 높아지거나 리드미컬할수록 청중들은 강사와 눈알을 마주치는 것이 아니라, 허공중이나 창밖을 두리번거립니다. 특히 탈무드의 격언이나 구호, 동서양의 격언이나 성공하는 사람들의 습관, 1만 시간의 법칙, 세종대왕이나 이순신 장군을 인용할 때는 속으로, '너는 살아봤냐, 해봤어?'라는 의문의 마음을 갖습니다.

이런 소재를 택하되, 스스로 온몸으로 살아내 본 체득(體得)의 경험을 강설하면, 청중들의 눈빛이 강사를 향하여 발광(發光)합니다. 이런 상황이 되는 강사와 청중 사이에는 공감·공명의 기운이 흐르고 왕래하는 영혼의 강이 생깁니다. 이 청중들의 눈빛에 강사의 원고가 파노라마로 펼쳐집니다. 청중들의 호응이 강사의 구어체 강설의 품과 폭을 이끌어줍니다.

춘천사랑 소쿠리포럼, 2023.5.12(강원도사회문화연구소)

8. 삶 속에서 3:3:3:1과 3ion을 실천하세요.
거창고등학교 직업선택 10계 신념과 원칙

목숨을 걸면 목숨이 부지(扶持)됩니다. 이순신 장군이 1597년 9월 16일 진도 울돌목 바다에서, 13척의 판옥선으로 숫자를 알 수 없는 왜군을 상대로 하는 전투를 앞두고, 조선 수군에게 한 정신훈시입니다.

필사즉생(必死卽生) 필생즉사(必生卽死), 죽기를 각오하고 싸우면 이긴다는 말입니다. 결과적으로 조선 수군 이순신 함대가 대적하여 격파한 왜군 수군은 133척의 함대였습니다. 세계 바다 전투사의 유례가 없는 전술적인 승리였습니다.

이순신 장군은 늘 죽음을 각오한 결기로 순간순간과 하루하루를 살았습니다. 사사(思死)입니다. 반드시 행동을 실천했습니다. 실행(實行)입니다. 그리고 기록(記錄)으로 그 결과를 남겼습니다.

3:3:3:1의 법칙

인생도 기업도 현행전투를 수행하는 것입니다. 이 전투의 현장에서 승리하거나, 살아남거나, 최초의 자리를 개척해가는 레드오션 속 블루로드의 주인공이 되려면 《3:3:3:1의 법칙》을 지속적으로 실천하여야 합니다. 이에 목숨을 걸고 실천하면서 살아가는 실사구시(實事求是)의, 지나치게 스스로를 혹사시키는 실용주의자(實用主義者)로 무실역행(務實力行)하여야 합니다.

여기서 첫 번째 3은 스스로(불특정 각자)가 속해 있는 조직이고, 다음 3은 그의 가족이고, 다음 3은 스스로이고, 다음 1은 남(다른 사람·혹은 조직)입니다. 여기서 3과 1은 각각이 100%의 몰입에너지입니다. 이는 생활 속에서의 에너지 집중과 분산 원칙입니다.

첫째 3(30%)은, 현재 내가(불특정 각자) 속해 있는 조직을 위하여 불사릅니다. 현역 군인으로 군복을 입고 복무할 때는 사랑하는 나라(祖國) 대한민국을 위하여, 사기업에서 일할 때는 그룹을 위하여 30%의 목숨을 걸고, 회사와

CEO의 경영철학을 현장에서 구현하기 위하여 일합니다. 활초의 인생 2막 무대는 한국콜마(윤동한 회장)입니다.

이러한 삶의 방식은 직책·계급·직위보다는 현장의 과업 중심 삶이지요. 깊은 밤 잠자리에서 깨어나서, 꿈결에 나타난 현몽(現夢) 같은 아이디어를 휴대용 수첩에 기록하는 쪽지 메모와, 현장에 무슨 일이 일어나고 있는가를 끊임없이 염력(念力)하며, 그 현장에서 문제와 답을 찾아서 조치하는 일상이 그러합니다.

활초의 경우, 이것이 군인 37년 동안 스스로에게 책임이 귀착되는 조직(소대장~연대장)까지의 직위에서, 인원·장비·물자·문서·시설·환경·의식구조 등 병영 8요소와 관련하여 단 한 건의 사고도 발생하지 않은, 무사고 37년의 복무 결과라고 생각합니다.

한국콜마 그룹 연수원장(전무·대표이사)으로 근무를 한 9년여의 기간 중에도, 인원·장비·시설·화재·연수·급식·숙박·도난·민원·언론 등 10개 부문과 관련하여 단 한 건의 불미스러운 일이 발생하지 않도록 근무한 결과라고 생각합니다.

두 번째 3(30%)은 가족을 위하여 목숨을 겁니다. 활초의 인생에는 세 가족이 걸려 있습니다. 저(소피아)와 서울에서 한강을 사이에 두고 10여 분 거리에서 주거하는 큰아이 내외와 친손자, 그리고 같은 집에서 한 지붕 2가족으로 살아가는 작은 아이 내외와 외손자가 그 주인공들입니다.

이들을 위해서는 삶의 목표와 행동의 우선순위를 바꿀 수 있어야 합니다. 이것이 『대학』에서 말하는 수신제가(修身齊家)의 제가(齊家)입니다.

다음 3(30%)은 스스로 자기 자신을 위하여 목숨을 겁니다. 이 측면으로만 본다면, 각자(불특정 개인)는, 스스로를 부양하는지, 가족을 부양하는지, 조직을 부양하는지를 가름하기가 어렵게 됩니다.

이처럼 3:3:3:1의 법칙을 평생 실천한 활초의 경우는 직업군인·시인·수필가(등단작가)·방송인·기자·르포에세이스트·칼럼니스트·강연·운동(골프/당구)·색소폰/하모니카연주·문인화가·기업인·교수·농사꾼·바이크(할리데이비슨) 라이더 등을 현재진행형으로 즐깁니다.

이 중 어느 것도, 어느 때고 해낼 수 있는 다재다능한 엔터테이너입니다. 가까운 지인들은 '활초가 못하는 것은 무엇인가?'라고 하면서 농담으로 생트집을 잡기도 합니다. 그러니까 특별히 잘하는 것은 하나도 없으며, 매사 마음먹은 것에 대해서는 스스로를 불사르듯이 혹사(酷使)시켜서, 목숨을 걸고 천착하여, 곧 일정 수준에 다다르는 것입니다.

활초는 3(30%)이라고 하지만, 다른 이들의 100%를 능가하는 몰입하는 에너지를 투여합니다. 그 예가 40여 년 넘게 하루에 4시간~4시간 30분 정도만 등을 붙이고 잠을 자는 습생입니다.

활초는 아내 소피아와 같이 안방에 싱글침대 2개를 붙여놓고 잡니다. 저는 매일 새벽 2시경부터 5~6시까지는 침대에 누워 있지 않고, 서재에서 원고를 정리하거나 독서를 합니다. 깊은 밤 소피아의 옆구리가 허전한 세월이 40년입니다.

마지막으로 1(10%)은 남을 위한 나눔입니다. 개신교 신앙을 삶의 신념과 원칙으로 삼고 살아가는 활초의 인생 10%는 남의(남을 위한) 것입니다.

이는 활초가 가지고 있는, 모든(모든 이라고 할 수 있는) 물리적인 힘·돈·시간·재능·출판물·칼럼·투병하는 지인에 대한 위로·강연 등등 모든 것을 망라한 것입니다. 이를 위하여 활초에게 허락된 모든 것의 1(10%)을 내가 아닌 남을 위하여 사용 혹은 공유한다는 원칙입니다. 특히,

이 중에서 돈(물질)은 기부하거나, 내가 아닌 남을 위해서 선뜻 지갑을 여는 습생인데, 이러한 삶의 방식을 유지하기는 쉽지 않습니다. 말보다는 더욱….

흔히 특정 종교 성직자들이 종교시설만을 위하여 10%의 희사(喜捨)를 강조하지만, 활초는 삶의 전체 중에서 기꺼운 마음으로 행하는 것을 실천합니다. '배고파 눈물짓는 어린이, 연세가 높아 스스로를 가늠하기 어려운 어르신, 나이는 젊지만 병마와 싸우고 있는 지인(모르는 이)을 위하여 행동하는 1(10%)', 이것이 활초 삶의 신념과 원칙입니다.

이것은 활초가 한평생 가장 감사하게 생각하는 모교, '거창고등학교 직업선택10계'에 뿌리를 둔 실천 철학입니다. 그래서 활초는 거창고 졸업생 1만 2백여 명 중

에서 유일하게, 거창고등학교 교훈(직업선택10계)을 모티브로 한 『Invincible No Man』(그냥 '예'라고 대답하지 마라) 책 (에세이집)을 출판하여 세상과 소통·공유하고 있는 것입니다.

거창고등학교 직업선택 10계는 이렇습니다. ① 월급이 적은 쪽으로 가라. ② 내가 원하는 곳이 아니라, 나를 원하는 곳으로 가라. ③ 승진의 기회가 거의 없는 곳으로 가라. ④ 모든 조건이 갖추어진 곳을 피하고, 처음부터 시작해야 하는 황무지를 택하라. ⑤ 앞을 다투어 모여드는 곳은 절대 가지 마라, 아무도 가지 않는 곳으로 가라. ⑥ 장래성이 전혀 없다고 생각되는 곳으로 가라. ⑦ 사회적 존경 같은 건 바라볼 수 없는 곳으로 가라. ⑧ 한 가운데가 아니라 가장자리로 가라. ⑨ 부모나 아내나 약혼자가 결사 반대하는 곳이면 틀림없다, 의심하지 말고 가라. ⑩ 왕관이 아니라, 단두대가 기다리는 곳으로 가라.

직업선택의 십계

제 1계명	월급이 적은 쪽을 택하라.
제 2계명	내가 원하는 곳이 아니라 나를 필요로 하는 곳을 택하라.
제 3계명	승진의 기회가 거의 없는 곳을 택하라.
제 4계명	모든 것이 갖추어진 곳을 피하고 처음부터 시작해야 하는 황무지를 택하라.
제 5계명	앞을 다투어 모여드는 곳은 절대가지 마라. 아무도 가지 않는 곳으로 가라.
제 6계명	장래성이 전혀 없다고 생각되는 곳으로 가라.
제 7계명	사회적 존경 같은 건 바라볼 수 없는 곳으로 가라.
제 8계명	한가운데가 아니라 가장자리로 가라.
제 9계명	부모나 아내가 약혼자가 결사반대를 하는 곳이면 틀림없다. 의심치 말고 가라.
제10계명	왕관이 아니라 단두대가 기다리고 있는 곳으로 가라.

3ion 실천

3ion은 Vision(꿈), Passion(열정), Action(실천)입니다. 머리로 꿈을 꾸고, 그 꿈을 가슴으로 가져와서 데운 후, 손과 발의 행동으로 실천한다는 의미입니다.

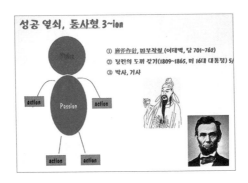

머리가 뜨거우면 뚜껑이 열립니다. 그래서 그 꿈을 가슴으로 내려서 데운 후에 행동을 하라는 것이지요. 이 세상 어느 곳에도 실천의 스승은 없고, 스스로의 몸이 실천의 주체입니다. 이 말은 천도무사(踐道無師)라는 말입니다.

그러니 당연히 실천의 제자는 나의 그림자이지요. 본체가 반듯해야 그림자가 오롯합니다. 이 말은 아제자영(我弟自影)입니다. 머리로는 끊임없이 생각하고, 가슴을 보일

링하세요. 그리고 가슴에서 솟구치는 뜨거운 증기를 손발로 보내어 행동의 에너지로 삼으면 됩니다.

사람은 4성(四性)을 가진 영물(靈物)입니다. 성경에 바탕을 둔 기독교적으로 말하면 영성(靈性), 금강경에 바탕을 둔 불교적으로 말하면 불성(佛性), 논어에 기인한 유교적으로 말하면 효성(孝性), 무교적으로 말하면 자성(自性)입니다.

세상 모든 호모사피엔스는 아버지의 피를 받아서 어머니의 태(胎)에서 자라 태어납니다. 이 세상 모든 사람은, 단 1명도 이 4성의 범주를 벗어나 있지 않습니다. 아니 벗어나지 못합니다.

사람은 '5다'의 과정으로 이 세상을 소풍(消風 · 逍風)하다가 영원의 세계로 천이(遷移)합니다. ① 태어나다 ② 자라나다 ③ 거듭나다 ④ 사라지다 ⑤ 남겨지다. 이것이 '5다'입니다. ①+②는 부모님 슬하이고, ③은 나의 몫, ④는 하늘의 권리, ⑤는 후세에게 남겨지는 유산입니다

이순신 장군 삶의 이력을 구호로 외치는 것에 그치면,

이순신 장군을 모독하는 것입니다. 활초는 이순신 장군을 모독하지 않습니다. 이순신처럼 살아냅니다. 긴 세월 삶 속에서 실천하지 않는 주창(主唱)은, 견월견성(見月犬聲), 달을 바라보면서 짖어대는 개소리와 다를 바가 없는 것입니다.

당신(불특정 각자)은 스스로가 선택하여 지향하고 있는 콘텐츠, 레드오션 블루로드를 향하여, 구호를 외치고 있지나 않습니까. 목숨을 걸고 실천하고 있습니까?

MG TV 백가사전 2022-2024, 백년가요사를 전하는.

금도(禁度·禁道)는 둘 다 사전에 없는 말입니다. 하지만 사람들은 흔히 이를, '넘지 말아야 할 선'으로 말하고, 이해하고 사용하기도 합니다. 통속어입니다. 이런 의미로 사용하려면 금선(禁線)이라고 사용하는 것이 옳을 듯합니다.

사전(事典)의 의미로 금도(襟度)는 다른 사람을 포용할 만한 도량입니다. 병사들은 장군의 장수다운 배포와 금도에 감격하였다. 이렇게 표현하면 맞습니다.

모든 사람은 나(불특정 각자)를 중심으로, 6친(부·모·형·제·처·자) 4인(옛 친구·스승·현재 친구·현재 만나는 사람)의 선택과 관계 속에서 살아가는 사회적인 동물입니다.

이 관계를 선의적으로 지속적으로 유지해갈 수 있는 에너지가 사회적 통념의 선을 넘지 않는 것입니다. 이는 경우와 상식의 외곽 테두리같은 선(線)입니다. 이 선을 넘지 않는 것이 금선(禁線)입니다.

활초의 인생은 군생(軍生)이나 다를 바 없습니다. 따라서 '우리(WE)'라는 전우애를 근간으로 하는 커뮤니티 소통도 남다릅니다. 42년 전 소대장 시절의 전우, 38년 전 휴전선 비무장지대 중대장 시절 전초 전우, 30년 전 소령 시절 육군본부 인사운영감실 전우, 대대장 시절 전우, 육군복지근무지원단장 시절 전우·군무원, 국방부유해발굴감식단장 시절 전우·군무원, 등과는 오늘까지도 수시로 상봉하면서 소통을 하고 있습니다.

상관은 휴전선 비무장지대 중대장 시절 대대장님으로 모셨던 장군(예. 육군중장 이성규)과 수시로 왕래하면서 소통하고 있습니다. 그분은 지게를 지는 퇴역 장군입니다. 소형 굴삭기를 스스로 운전하며 작은 텃밭을 일구며 사십니다. 그분은 저의 중대장 시절, 전 대대원과 같이

100㎞ 행군 훈련을 하면서, 단 1m도 지휘차에 올라앉지 않으시고 같이 걸으신 분입니다.

156

많은 이들은 군대 다녀온 곳이 있는 방향으로 서서 소변도 보지 않는다고 하지만, 저의 전우들은 다릅니다. 전우(戰友)는 목숨을 담보로 하는 전쟁터의 벗이라고 말을 하더군요. 세상에서 가장 강한 말(단어)은 바로 '우리(WE)'랍니다.

'우리(WE)'라는 말은 망치로 내려쳐도 쪼그라들지 않고, 불에 태워도 타서 재가 되지 않는답니다. 대한민국에서 가장 좋은 대학은 바로 군대(軍隊·軍大)입니다. '우리'라는 공동연대의식을 체득하게 해주는 인생대학입니다. 일반 사회인 민간기업도 사람 사는 곳으로 군대와 다를 바 없습니다.

2014년 1월 12일. 서울대 ASP 신년회 및 2013년 ASP 경영인 대상 시상식을 하던 날, 활초는 《한국대중가요 100년, 유행가와 역사 앙상블》이라는 주제로 강연을 하였습니다.

이때 활초는 제2막 인생의 귀인(貴人)인 한국콜마 윤동한 회장님을 뵙게 됩니다. 윤 회장님은 사람을 소중하게 생각하고, 각 개인의 장점을 살려 우보천리(牛步千里)로 함께 하시는 경영인·유학자·역사가입니다.

이날 강연이 끝나고, 만찬으로 이어지는 중간 휴식 시간에 윤 회장님께서 활초에게 명함을 건네시면서, '언제 식사 한번 하시지요. 저희 비서실에서 연락드리도록 하겠습니다.'라고 하셨습니다.

며칠 뒤, 서초동 소재 한국콜마 회장님실에서 정식으로 면알(面謁)을 하게 됩니다. 그리고 이어진 점심 식사, 쇠고기 등심 2인분에 된장찌개를 겸하여, 딱 맥주 1병으로 한 잔씩을 드신 후, 다시 회장님실로 갔습니다.

'언제 전역을 합니까. 우리 회사에서 연수원을 지으려고 하니, 전역하고 와서, 연수원을 건축하고, 연수원장으로 일해주세요. 전역하시고, 기업에서 봉사활동을 한다고 생각하시고… 저희 회사에서 연수원을 건립한다고 하니까, 학교 선후배·정년퇴임 교수·비즈니스 지인 등등 연

수원장을 시켜달라고 하는 사람들이 많아요. 하지만 우리 회사에는 유 대령 같은 분이 필요합니다.'

그날 하얀 종이에 윤 회장님께서 적어주신 글자가 '열과'(裂果)입니다. 이는 '너무 잘 익어서 껍질이 갈라진(터진) 과일'이란 의미이며, 오늘날 활초가 사용하는 또 다른 호(號)입니다. 과수원 주인이 먹는 진짜배기….

활초와 윤 회장님은 혈연·지연·학연·근무연 등 아무런 연(緣)이 없습니다. 그 누가 지난 10년 동안 활초와 연계하여 윤 회장님께 전화 한 통도 한 적이 없습니다. 회장님은 처음으로 마주한 활초에게 고향이 어디냐? 육사냐, 3사냐? 군대의 상관이 누구냐? 등등의 질문을 일체 하지않았습니다.

윤 회장님은 오직 '사람만을 보시는 분'입니다. 그분은 늘 기업(企業)은 '사람을 머물게 하는 일을 하는 곳'이라고 말씀하십니다. 기(企)자를 해부하면 사람 인(人) 머물 지(止)라는 것입니다.

활초는 2015년 5월부터 한국콜마 그룹 인사총무팀 이사로 입사를 했습니다. 이때 회사 안에서는, 워카 37년·군인 출신 등을 이유로 입사에 반대하신 분이 있었고, 활초의 사회생활 지인 중 여럿은 '6개월 ~ 1년짜리 임원일 것이야. 버틸 수 없을걸'이라는 얘기를 활초의 등 뒤에서 했다는 말을 바람결에 들었습니다.

하지만 활초는 2015년 입사 후, 10년째인 2024년까지 한국콜마 그룹 가족으로 열심히 일하고 있습니다. 현역 시절에는 매일 국기(태극기)를 향하여 다짐했지만, 지금은 출근 때마다 한국콜마 회사 기(旗)를 향하여 다짐합니다.

활초는 입사 후 2년 만에 상무이사로 승진을 하였고, 상무 승진 후 1년 반 만에 전무이사로 수시 특별 승진을 하였습니다. 이후 5년여 동안 연수원장으로 일을 하면서, 그룹 계열사 자사인 KAF(근오농림) 대표이사를 2년여 동안 역임하였습니다.

또한 한국콜마 윤동한 회장님은 이순신 장군의 정신과 삶의 신념과 원칙으로 오늘날 대한민국 고질병(정신적인 피

폐)을 치유하기 위하여 '서울여해재단'을 설립하여 이사장을 겸하고 있습니다. 여기서 여해(汝諧, 너로 인하여 평화롭다)는 이순신 장군의 자(字. 본 이름 외, 장가 든 남자에게 붙여준 이름)입니다.

이 재단에서 운영하는 이순신학교에 활초는 교수 직함을 가지고, 이순신학교 아카데미 기수마다 강연을 하고 있습니다. 《이순신을 도운 사람들, 임진왜란과 대중가요》 등이 강좌 명칭입니다.

한국콜마 그룹에는 VGMP라고 하는 회사 비망록이 있는데, 활초는 이 비망록을 9년 동안 매년 1권의 직무일기로  작성하여, 매주 단위로 5색(검정 · 파랑 · 빨강 · 연필 · 형광펜)으로 체크(Ceck Rcheck Double Check Cross Check)한 메모와 기록을 보존하고 있습니다.

세상살이, 6친 4인의 관계를 평행선으로 오래오래 지속하기 위한 열쇠인 금선(禁線), 넘지 말아야 할 첫째 선(線)

161

은, 자신의 사사로운 이득을 챙기기 위한 행동거지를 철저하게 삼가는 것입니다. 제도설정과 계획수립과 관계운영 속에 나의 이익·이득이 될 만한 그 어떤 것도, 몰래이거나 의도적으로 감추지 말아야 합니다.

이것이 경우와 상식을 바탕으로 한 통념의 금선(禁線)입니다.

10. 실천에는 스승이 없고, 제자는 발자국입니다.
천도무사(踐道無師) 아제자영(我弟自影)〜

인생살이는 천도무사(踐道無師) 아제자영(我弟自影)입니다.
내(불특정 각자)가 걸어가야 하는, 살아내야 하는 평생의 길
에는 지속적으로 행동·실천하는 스승이 있을 수 없습니
다. 그리고 나의 제자는 오직 내가 남긴 발자국일 뿐입
니다. 이 발자국을 능가하는 발자국(실천하는 사람)을 남기
게 하는 일이 바로 청출어람(靑出於藍)입니다.

천도무사 踐道無師
아제자영 我弟自影
행동으로 실천하는 일에는, 스승이 없고,
실천한 나의 제자는, 오직 나의 발자국 뿐이다.

학문적인 원리와 원칙, 역사적인 사실과 증거, 살아가야
할 바람직한 방향과 지침 등을 가르쳐주거나 본을 보일
수는 있지만, 그들이 내 삶을 지속적으로 살아내 줄 수
는 없습니다. 공조직도 사기업도 마찬가지입니다.

이 삶을 살아내는 주인공이 나이고, 내가 손과 발로 행

동을 할 철학과 가치를 지향할 고뇌와 숙고가, 바로 나의 스승이라는 말입니다. 그리고 행동해야 합니다.

큰 소리 혹은 조근대는 말로 내지르거나 속삭이지 마세요. 손가락으로 해와 달을 가리키지도 마세요. 이런저런 책이나 위인의 이름이나 속담 등을 들먹거리지도 마세요. 이러한 것들은 땀과 한숨을 동반하는 행동(행위)을 모독하는 것들입니다.

활초는 하루에 등을 붙이고 잠을 자는 시간은 4시간~4시간 30분 정도입니다. 만약에 다른 이들이 이를 흉내내려고 해도 쉽지 않을 것이고, 따라서 하기에는 많은 생체 리듬상의 인내(고통)를 수반해야 할 것입니다. 하지만 활초는 거의 40여 년을 이렇게 살아냈습니다. 스스로 정한 1만 시간의 법칙을 지속적으로 실천해 온 것이지요. 이는 활초만의 것이 아닙니다. 여러분도 매일 의지를 가다듬으면 지속할 수 있습니다.

> **심야형(深夜形) 삶**
> 새벽 02시 전후, 잠에서 깨어나 하루를 시작…
> 이렇게 40여 년을 지속하면,
> 『아주 기발한, 최초의 장르』를 개척할 수가 있다.

하루에 3시간의 수면 시간을 1년 동안 줄이면, 1,095시간입니다. 이렇게 10년을 하면 10,950시간이 되지요. 이것이 1만 시간의 집중과 몰입입니다. 오늘부터 당장 3시간의 수면을 줄이면서, 다른 사람과 다른 분야에 천착해보세요. 이렇게 10년을 더하면 2만 시간, 또 10년을 더하면 3만 시간, 또 10년을 향하여 가면 4만 시간이 되는 것입니다. 이렇게 하여도 죽지 않습니다.

활초는 저녁 9시(21시) 30분 전후로 잠자리에 듭니다. 젊은 날에는 주변 사람들에게 '나는 초 저녁잠이 짙어~.'라고 말하면서 모임이나 식사 자리 시간을 조절하기도 했지요. 다음날 깊은 새벽 02시를 전후하여 잠자리에서 깨어나서 《유행가와 역사 앙상블》 스토리텔링 자료를 가로 세로로 엮었지요.

활초가 대위에서 소령 1차 진급이 떨어진 1988년에는 스토리텔링이라는 단어도 없었고, SNS 망도 없던 시절입니다. 그래서 오래된 가요사책·선데이서울·주간경향·잡지·주간스포츠 등에서 자료를 찾아서 읽고, 베끼고, 스크랩을 하면서 몰입했습니다.

이후 1995년 마이크로소프트 윈도우95가 개발되고, 2천년대를 들어서면서 인터넷이 상용화되면서 사실상 사전과 도서관의 의미는 퇴색되기 시작했지요. 이즈음부터 활초의 유행가와 역사 공부도 용이해졌습니다. 21세기는 핸드폰이 사전이고, 도서관이고, 계산기이고, 녹음기이고, 사진기입니다.

이렇게 10년의 세월을 하루 3시간씩 몰입하여, 1만 시간을 천착해도 주변 사람들은 활초 속에 채워지는 에너지(內功, 내공)를 알아차리지 못했습니다. 그렇게 또 10년, 또 10년의 몰입을 한 뒤에는 가까운 지인들은 '활초는 남다른 뭔가의 영혼 주머니가 있다.'는 말을 하곤 했습니다.

이때부터 누군가가 글(원고)을 요청한다거나, 간간이 강연을 청하기도 했지요. 그즈음이 서울대 ASP 과정을 이수한 시기였고, 그 과정에 강좌를 터서 10여 년간 《한국 대중가요 100년 유행가와 역사 앙상블》로 우리나라 대기업 CEO들과 서울대 호암관이나 세미나를 하는 호텔 등에서 소통하기 시작했습니다. 얼굴이 조금씩 알려지기 시작한 것이지요.

중앙대학교 문화예술대학원에서 1년 4학기 과정을 이수하고, 대한민국 국방역사 최초로 국가 공인 문화예술교육사(2급) 자격증을 취득한 시기는, 3만 시간을 향하여 몰입하던 때입니다. 제가 국방부유해발굴감식단장으로 37년의 직업군인을 마감할 시기입니다.

이처럼 1만 시간의 법칙을 3만 시간으로 이어갈 즈음에는 세상이 활초를 알아주게 되었습니다. 이때부터 일간신문에 활초 유차영의 이름을 내건 칼럼을 연재하고, TV에 유차영의 이름을 단《그 시절 그 노래》,《백가사전》(百歌史傳) 등을 방영하게 됩니다. 이때 한국경제신문, 중소기업신문, 국방일보, 농민신문, 코스미안뉴스에 유차영의 이름으로 대중가요《유행가와 역사 앙상블》칼럼을 연재하게 됩니다.

NBS TV. 그 시절 그 노래. 2018-2019

이에 대한 평가로 2021년 12월 4일 도전한국인 본부·
대한민국최고기록인증원에서 대한민국 최초기록인증,
《유행가스토리텔러》 인증서를 받았습니다.

뒤이어 2022년 한국가요작가협회에서 《가요발전상》을
수상하였으며, 한국창작가요협회에서 《한국가요발전공
로상》을 수상하였습니다. 1만 시간의 법칙을 30여 년 실
천한 결실이었습니다. 이것이 제가 살아낸 그림자입니
다. 눈물과 한숨과 희열이 뒤엉켜서 아롱진 아제자영(我
弟自影)이지요.

2020년 11월 23일(월) 대한경제신문 21면 전면(全面)에
활초의 기사가 실렸습니다. 타이틀 제목은 '군인·기업

인·문화해설·역사 강사, 4색인생 40년 블루로드'였습니다. 부제목은 '한국콜마여주아카데미원장 유차영의 기막힌 인생스토리'였습니다. 당시 기사를 오늘의 상황으로 편설해서 펼쳐봅니다.

'한때 그는 군인이었다. 36년 동안 직업군인 생활을 했다. 1978년 8월 1일 육군제3사관학교에 입교해 직업군인의 길을 걸으면서, 2014년 12월 31일 국방부유해발굴감식단장으로 예편했다. 군복을 벗은 후 기업인으로 변신하면서 본인의 특기를 살려, 문화예술해설사로도 활동하고 있다.

국방부유해발굴감식단장

그는 군 생활을 하면서 유행가에 대해 깊이 연구했고, 한국콜마여주아카데미 원장을 하면서, 연수원에 입소하는 기관·단체·기업에 대하여, 《한국대중가요 100년사, 유행가와 역사 앙상블》, 《대중가요로 재해석하는 6.25 전쟁》, 《대중가요로 재해석하는 임진왜란과 이순신 장군》, 《조선의 선비정신, 왕릉 답사》등 강연과 현장 해설을 병행하고 있다.

이는 한국콜마 창업주 윤동한 회장의 경영철학, 인문학의 기업 접목과 상통한다. 그는 블루오션보다는 블루로드를 개척하라고 젊은이들에게 권한다.'

블루오션은 여러 사람이 성공적인 삶을 지향해 가는 방향입니다. 그 속에서 1등을 하려면 99명을 제쳐야 하지요. 레드오션 속을 걸어가고 있는 사람들은 더합니다.

하지만 블루로드는 1:1의 길입니다. 아무도 가지 않거나 생각하지 못한 길을, 홀로 천착하면서 지향해 가는 것이 블루로드입니다. 블루오션은 성공을 향하여 가는 길은 맞지만, 성공이라는 대문을 열 수 있는 열쇠를 가지기에는 적확(的確)한 지향점이 아닙니다.

뿐만 아니라 활초는 블루오션이 아닌 레드오션의 대명사 같은 직업군인의 길을 걸었습니다. 이런 면에서 활초의 길, 역사와 대중가요를 아우른 유행가스토리텔러는, 레드오션 속에서의 확실한 블루로드인 듯합니다.

인생살이는 전투의 연장선입니다. 그 전투의 상대적인 적(敵)은 일상 속의 오적(五敵)입니다.

제1의 적은 총구멍을 맞대고 있는 주적입니다. 제2의 적은 우리나라에 위협을 주는 모든 다른 나라입니다. 제3의 적은 공공의 적입니다. 알카에다·국제마피아·국제테러 조직·국제 마약조직·IS 등이 여기에 속합니다. 제4의 적은 기상·지진 등 천재지변입니다. 제5의 적은 내부의 적이지요. 그 적은 바로 게으르고 나태한 나 자신입니다.

이에 대한 끊임없는 숙고와 대비가 '구호로 외치는 평화가 아닌, 실질적인 평상을 유지할 수 있는 동시에, 유사시 실시간 혹은 실상황으로 대응을 할 수 있는 인생을 살아가는 것'이라는 신념이 활초의 '5적 대비 상시전투

태세 유지' 철학입니다.

하지만 활초는 배타적인 삶을 영위하지는 않습니다. 적 (적대시하는 다른 사람과 그룹)과의 상대적 동반이라는 포괄적인 철학도 남들과는 다릅니다. 시중사중언중동중(時中思中言中動中)의 습생이 그것입니다.

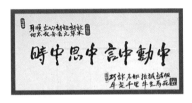

활초는 2014년 12월 30일 전역을 할 때, 모든 군복 제복(정복·예복·전투복)의 명찰과 계급장과 병과 마크를 제거하고, 헌 옷 모으기 운동에 동참하였습니다.

그리고 다음 날부터는 필요할 때마다 얼룩무늬 군복 원단으로 맞춘 양복 정장을 입고 행사나 현충원 참배를 하고 있습니다. 그 양복에는 활초가 현역으로 복무할 당시 착용했던 보병 병과 마크·계급장·명찰·부대 휘장·육군 휘장·훈장 등이 결속되어 있습니다. 이 얼룩무늬 양복 정장은 대한민국에 딱 1벌만 존재합니다. 적어도 오늘까지는. 영원한 예비역의 징표(徵標)이지요.

현역 군인 시절에 입던 제복이 아닌, 얼룩무늬 군복지 원단으로 맞춘 정장 양복을 입은 예비역, 이 옷은 활초가 전역할 당시에 남아 있던 피복구매 권으로 직접 맞춘 옷입니다. 그때 군  복 제단과 제작을 40여 년 동안 전문적으로 한 사장님(신성사) 왈, '군복쟁이 40년에 단장님 같은 분은 처음 봅니다.'였습니다.

자신(불특정 개인)이 선정한, 레드오션 블루로드이거나 블루오션 블루로드이거나 1만 시간의 법칙을 30~40년 이상 지속하는 행동·실천에는 스승이 없습니다. 그리고 제자는 자신의 그림자뿐입니다. 천도무사(踐道無師) 아제자영(我第自影)입니다.

목숨을 걸고 스스로(불특정 개인)가 지향하는 레드오션 블루로드 개척을 위하여 지속·몰입·천착하시기를 당부드

립니다. 끝(end)은 끝이 아니고, 그리고(and)입니다. 새로
운 시작입니다.

〈아주 기발한, 최초의 장르〉《유행가와 역사앙상블, 유행
가 스토리텔링》은, 영원한 끝과 시작의 연속된 길입니다.

결혼 40년 여행   대한노인회 정책위원

오늘, 당신만의 꿈을 향하여, 그리고(and)의 꿈을 그리세
요. 그리고 오늘, 내일로 이어질 삶의 태도와 자세를 리
셋팅(re-setting)하세요. 그대만의 유행가 애창곡을 흥얼거
리면서….

맺음말

저마다 최초가 될 만한 지향점을 설정하는 일은 쉽지 않습니다. 이 지향점은 스스로(불특정 각자)가 선천적으로 타고나거나 후천적으로 노력하여 가지거나 관심이 있는 남다른 분야, 바늘로 콕 찌르거나 점을 찍을 만한 분야입니다.

이에 대한 노력의 집중으로 나도 모르게 코피가 흐르고, 잠이 모자라서 어지럼증이 일어나더라도 행복한 감흥의 에너지가 발산되는 분야라야 합니다. 힘이 들수록 행복지수는 상승하는 그런 분야입니다.

이런 지향점을 향하여 1만 시간의 법칙을 최소한 30년을 지속해야만, 다른 사람들보다 다른 에너지가 충전된 특별하지는 않지만 희귀한, 잘 방전되지 않는 배터리를 보유하게 됩니다. 세상이 조금씩 알아주기도 합니다. 하지만 이 배터리도 계속 재충전을 하지 않으면 차츰 방전됩니다.

바늘 촉으로 콕 찍을 만한 최초를 향한 지향점은, 30여
년 뒤에 비포장 신작로 같은 최초의 길이 됩니다. 새로
운 장르의 개척이지요.

30년은 긴 세월이지만, 오늘과 내일을 이어가는 하루하
루의 끝에 매달린 마디입니다. 오늘부터 시작하는 발걸
음이 내일로 이어집니다.

이 발걸음은 머지 않은 날 여러분을 『아주 기발한, 최초
의 장르』에 다다르게 할 것입니다.

이제 트로트라는 용어(장르)를 우리 고유의 말, "아랑가
(ArangGa)"라는 용어(단어)로 바꾸기를 제언(주창, 主唱)합니
다. 이 말은 '아리랑 가요'라는 의미를 압축한 것입니다.

'아랑가'는 가장 한국적인 단어이면서, 세계가 인정(세계문
화유산등재)하는 '아리랑'을 연상하게 하는 단어입니다.

유행가는 역사 마디에 걸린 보물

한국유행가 100년의 난제와 숙제

한국유행가는 논문(석사 · 박사 · 저널)의 대상은 될 수 있으나, 학문(유행가학)의 대상이 될 수가 없을 듯합니다. 객관화로 통설(統說) · 각설(各說)하기에는 주관적 요인이 너무 많이 합융(合融)되어 있기 때문입니다. 그래서 스토리텔링의 가예문화(歌藝文化) 영역을 넓혀가야 한다고 봅니다. 유행가의 유행화 문화의 창달이지요.

작품자와 가수의 신상생멸이력과 본명 예명의 적확화를 할 수는 있으나, 이것이 사실을 충족시킬 가능성은 희박합니다. 객관적 공유 자료와 주관적(실체적) 팩트의 일치화는 희망사항일 뿐인 듯합니다. 기록 사료가 불비하고, 기억과 사유의 영역이 명멸(明滅)해 가기 때문입니다. 개인적인 사연도 존중해야 하지요.

작품자와 가수들의 활동과 음반 발매와 데뷔연도의 간극은 일원화할 수가 없는 공론입니다. 노래를 먼저 부르다가 음반을 내기도 하고, 음반을 내고도 협회 등록을 하지 않아서, 공식 데뷔라는 말과 상충됩니다. 가수인 이난영, 이애리수, 패티김, 손인호, 최진희, 김태희, 작품자인 조명암, 박영호 등등 대다수의 가예인(歌藝人)들이 이러한 연(連)을 머금고 있기 때문입니다.

이러한 다난한 융합보물인 한국유행가와 관련한 사실과 자료를 콘텐츠화한 예술인은, 유행가만물상 같은 유차영, 대중가요골동품상 같은 박성서, 학자와 가수 작가를 겸한 다이소상 같은 장유정, 가요사류 비단포목상 같은 이동순, 한국대중가요11000 운용자 최규성, 그 외 작가·평론가·칼럼니스트 등등 인수가 많고 다양합니다.

이들은 저마다의 고유성과 가치성과 예술성을 견지한, 각각이면서, 가예문화의 바다를 노니는 종합예술가들입니다. 이들이 머리를 맞댈 장은 언제쯤 펼쳐질까요. 펼쳐질 수 있을까요. 제도권이 되어야 할지, NGO나 사인(私人)이 나서야 할지 기다려집니다.

2023년은 한국근현대 150여 년(1876년 이후)의 역사 수레가 현재 진행형으로 돌아가고 있고, 한국유행가는 100년의 수레 위에서 시대적 이념과 민중의 감성을 추억과 기억을 묶은 그릇에 담겨 있습니다.

이러한 시점에서 우리 유행가는 어디로 가야 하는가? 무엇을 해야 하는가? 어떻게 해야 하는가? 이에 대한 문제를 스스로에게 물어

봅니다. 공연(公然)한 일인가, 막연(漠然)한 일인가, 생각에 생각을 거듭해보는 나날입니다. 정답은 아니지만 묘답(妙答)은 있을는지 아련합니다.

1. 유행가 개념과 함의는?

2. 유행가 효시는 〈새야새야 파랑새야〉인가?

3. 유행가 장르 구획은 어찌해야 하는가?

4. 유행가 증언과 자료보존은?

5. 유행가 박물관 건립은 할 수 있을까?

6. 유행가 가사·악보·SP/LP판·데모테이프 음원 보존은?

7. 유행가 가요제와 방송사 시상자료들은 어디로 갔을까?

8. 유행가 작품 모티브를 담아 둘 그릇은?

9. 유행가 증언 채록과 소장 자료 보존은?

10. 유행가 엘리트교육과 시민교육대책은?

11. 유행가 융합문화예술서비스 콘텐츠 개발은?

12. 유행가와 해외동포 연계는?

13. 유행가 음반 판매량 통계 유지는?

14. 유행가 가예문화(歌藝文化) 융성대책은?

15. 유행가 세계화를 위한 전문기관설립은?

이러한 문제에 대한 답의 하나가 남이섬노래박물관인데, 아쉬움은 여전합니다. 이는 기획재정부의 공익성기부금단체로 지정 받은 재단법인 〈노래의섬〉(2000년 설립)에서 운영하는 문화공간입니다. 2001년부터 추진한 뮤직테마파크 조성사업의 성과로 지난 2004년 말에 개관했습니다.

국내 최초의 대중가요 전용시설인 이 박물관은 가요전시관, 악기체험실, 녹음실, 다목적실, 야외무대 등을 갖추고 휴게실과 캐릭터숍, 레스토랑 등의 편의시설을 함께 마련해 남이섬을 찾는 관광객들에게 휴식공간과 문화체험공간으로서의 기능을 함께 선사하고 있습니다.

가요전시관에 들어선 명예의 전당에는 시대별 자료 전시와 함께 길옥윤, 김정구, 남인수, 박시춘, 반야월, 신중현, 이난영, 이철, 전수린, 현인 등 명예의 전당 등록자 10인의 프로필이 소개되고 있으며, 미국의 로큰롤 명예의 전당과 같이 대중가요 발전 유공자의 권위를 향상시키는 역할을 하고 있고, 특히 200석 규모의 다목적 콘서트홀인 매직홀, 고대 그리스 원형무대를 연상시키는 야외공연장인 언더스테이지(Under Stage), 야간 영화상영 야외스크린무대, 강변을 마주한 카페 리모벨리(RiMoValley) 등의 시설은 현장적 정취를 더합니다.

이 전시관은 차차 대중가요 창작실습과 가요공연 등 다양한 대중음악 체험 및 참여 프로그램을 준비하고 공연 부대시설, 각종 자료 수집, 학술 연구, 기금 모금 사업 등을 통해 노래박물관의 역할을 강화시켜 나갈 예정이랍니다. 이에 대한 아쉬움은 산물 전시 중심의 공간으로 스토리텔링 함의의 프로그램 제한입니다.

이 외에도 청계천·경주·송파 등지에 공공 혹은 사유로 가예문화 융복합과 창달을 위한 장(場)들이 많습니다. 하지만 이들 대부분은 연대와 사람 작품 중심의 산물 나열방식으로 설립 운영하여, 그 속에 담긴 사연과 모티브에 대한 스토리텔링이 가라앉아 있는 듯합니다. 이 스토리들은 언제쯤 이야기 꽃으로 피어날 수 있을까요.

오늘은 21세기의 문턱을 넘은 지 23년이 지나가는 시점입니다. 다가오는 시대와 세대는 시간 간, 나라 간, 이념 간, 세대 간, 문화 간, 성별 간의 구획과 한계를 한정하기가 어려운 융합사회화로의 이행이 불가피한 현실이고 미래가 될 것입니다.

이에 문화예술을 통한 감성의 소통과 공명은 미래 인류 궁극의 목표이고 공동체의 지향점이라고 할 수 있습니다. 이러한 과정에서의 최첨경의 물리적(유형·무형의) 매체가 대중가요 유행가라고 할 수가 있습니다.

대중가요 유행가는 삶(生)과 성(聲)과 음(音)과 악(樂)을 아우른 철학이고 가치입니다. 역사 민속 정치 경제 사회 문화 예술 과학 철학 언어 율동 안무 사진 조명 음향 무대 장치 통신 신호 시호 자연 환경을 융합한, 예술 그 이상의 예술이라고 할 수가 있습니다. 이러한 융합문화예술콘텐츠는 만국 소통어(공감대)가 됩니다.

인류의 미래 융성은 문화예술의 융합에 달려있다고 해도 과언이 아닙니다. 문화예술은 만인류의 감성소통어입니다. 문화로 소통하고 감성으로 공감하는 세상이 바로 인류의 지향점인 것입니다. 문화예술은 특정 분야를 구획 짓고, 그 구획에 대한 용어를 한정하고 그 용어에 대한 개념을 한정지을 수 없습니다.

다만 특정분야나 이를 융합한 산물이나, 그 산물 이행의 과정을 대중과 공유하되, 이 공유의 과정에서 각각의 대중은 스스로 감흥하고 반응을 하게 됩니다. 이것이 바로 문화예술의 무한대성 가치입니다.

이런 면에서 유차영의 《유행가와 역사 앙상블》 스토리텔링은 가예문화(歌藝文化)의 신작로 같은 융복합콘텐츠가 될 것입니다. 유행가의 유행화 문화 창달의 불쏘시개가 되고, 그 불씨 위에 뿌리는 휘발유가 될 것입니다. 그렇게 되기를 소망합니다.

MG TV. 백가사전 　　　　　　모든 대중가요 ≠ 유행가

그런 고로, 모든 유행가는 대중가요에 속하나, 모든 대중가요가 유행가인 것은 아닙니다. 유행가는 1곡 7요소(작사, 작곡, 가수, 탄생시대, 사연, 모티브, 사람(대중))를 머금은 노래입니다.

이런 유행가는 〈가삼백만인우〉입니다. 유행가 3백 곡을 스토리텔링할 수 있으면, 세상 모두의 벗이 될 수 있습니다.

유차영 이력

1978년 경남 거창고등학교를 졸업
1980년 육군3사관학교로 졸업, 육군 소위
1995년 한남대학원 경영학 석사
2006년 서울대 ASP(세계경제최고전략과정) 수료
2014년 국방부유해발굴감식단장, 육군 대령 전역
2015년 국민대학원 경영학 박사(수료)
2019년 서울대 AAMP(최고농업정책과정) 수료

2008년 캐나다 퀘벡 국제군악축제, 대한민국 대표단장
2008~2018 서울대 ASP 인문학 초빙 강사
2010~2023년, 국방 · 한경 · 농민 · 중기 · 코스미안 칼럼니스트
2014년 국립서울현충원 해설봉사자
2015년 보국훈장 삼일장 수상
2015년 국방역사 최초, 국가공인 문화예술교육사
2015년 한국콜마 연수원장 · KAF 대표이사
2017~2018년, 한국농업방송 TV「그 시절 그 노래」
2018년 인터넷 신문, 코스미안뉴스 선임기자
2020년 유차영의 유행가스토리 TV
2021년 한국대중가요 100년, 최초 유행가스토리텔러
2022년 새마을 금고 MG TV「百歌史傳」
2022년 한국가요작가의 날, 한국가요발전공로상 수상
2023년 글로벌사이버대 문화예술대학 특임교수

유행가 해설, 스토리텔링 도서 출판

한국대중가요 100년사(2014. 대자)
유행가가 품은 역사(2019. 농민신문사)
유행가에 얽힌 사연(2020. 농민신문사)
미스트롯, 곡예사의 첫사랑(2020. 행복에너지)
미스터트롯, 트로트 열풍(2020. 행복에너지)
대중가요 6.25전쟁(2022. 행복에너지)
대중가요 임진왜란(2022. 행복에너지)
한국유행가 100년 스토리(2023. 행복에너지)
대중가요 월남의 달밤(2024. 행복에너지)

TV 출연(고정 · 기획 프로그램)

NBS(한국농업방송) TV
– 그 시절 그 노래(2017~2019)
　MC 김성환, 해설 유차영

MG(새마을금고 중앙회) TV
– 백가사전(百歌史傳)(2020~현재)
　MC 이건우, 해설 유차영

EBS(한국교육방송) TV
– 당신을 잊지 않겠습니다.
　엄길청 대담, 유차영 해설

KTV(한국정책방송) 생방송(2013)
– 국군유해발굴, 영웅을 기억하라

Channel A(동아일보) 생방송(2020)
– 장진호 전투 국군 유해 송환

라디오 생방송

– 국방 FM, 휴전 70주년 평화를 부르는 노래(2022~2023)
   MC 원종배, 해설 유차영

신문 · 저널 칼럼

중소기업신문(2020~), 유차영의 노래하는 CEO
코스미안뉴스(2018~), 유차영의 대중가요로 보는 근현대사
월간 색소폰 (2018), Song Story
농민신문(2018~2022), 유차영의 그 노래 그 사연
한국경제신문(2019), 유차영의 유행가, 시대의 하모니
국방일보(2020, 대중가요로 보는 6.25 전쟁 70주년 기획특집

강연 · 재능기부

기업: 한국콜마, 정우, 연우, 한국농어촌공사, 농협, MG인재개발원
학교: 서울대, 가천대, 인천재능대, 동서울대, 일성여중고...
지방자치단체: 서울 마포구, 서산시, 수원시(MG), 고양시(MG) 등
기타: 중앙일보 J포럼, 서울시재향군인회, 무공수훈자회...

출간후기

유행가 연구 한길,
끊임없는 블루로드 개척을 응원합니다

권선복(도서출판 행복에너지 대표이사)

'1만 시간의 법칙'이라는 개념이 있습니다. 이는 대부분의 사람들에게는 현실적으로 실천하기 어려운 조건임에도 극기(克己)와 인내(忍耐)를 통해 이 법칙을 실현해 창조적인 삶을 살아가고 있는 사람이 있습니다. 바로 이 책『한국 유행가 100년 스토리』의 작가, 한국유행가연구원 원장 유차영 저자입니다.

『한국 유행가 100년 스토리』는 저자가 오랫동안 연구해 온 한국 유행가 100년의 역사 이야기에 얽어, 한국 최초의 유행가 스토리텔러로서 신항로를 개척한 '활초 유차영' 저자 본인의 '블루로드 인생 개척 스토리'를 함께 담아내고 있는 책입니다. 저자는 매일 3시간씩 수면시간을 줄여 가면서 치열한 극기를 통해 '1만 시간의 법칙'을 실천하고, 그 에너지를 한국 유행가 100여 년의 역사에 쏟아부어 한국의 유행가라는 콘텐츠, 그에 관련된 사람, 배경이 되는 역사를 얽어 거시적이고 편년적으로 스토리텔링할 수 있는 대한민국 최초의 전문가가 되었습니다.

저자의 이러한 과정을 한국 유행가 이야기와 함께 흥미롭게 저술하고 있는 이 책은, 100명이 헤엄치는 레드 오션에서 벗어나 홀로 개척해 나가는 블루 로드의 길로 어떻게 나아갈 수 있을지 알려주는 소중한 길잡이가 되어 줄 것입니다.

'행복에너지'의 해피 대한민국 프로젝트!

<모교 책 보내기 운동> <군부대 책 보내기 운동>

한 권의 책은 한 사람의 인생을 바꾸는 힘을 가지고 있습니다. 한 사람의 인생이 바뀌면 한 나라의 국운이 바뀝니다. 그럼에도 불구하고 많은 학교의 도서관이 가난하며 나라를 지키는 군인들은 사회와 단절되어 자기계발을 하기 어렵습니다. 저희 행복에너지에서는 베스트셀러와 각종 기관에서 우수도서로 선정된 도서를 중심으로 <모교 책 보내기 운동>과 <군부대 책 보내기 운동>을 펼치고 있습니다. 책을 제공해 주시면 수요기관에서 감사장과 함께 기부금 영수증을 받을 수 있어 좋은 일에 따르는 적절한 세액 공제의 혜택도 뒤따르게 됩니다. 대한민국의 미래, 젊은이들에게 좋은 책을 보내주십시오. 독자 여러분의 자랑스러운 모교와 군부대에 보내진 한 권의 책은 더 크게 성장할 대한민국의 발판이 될 것입니다.